Lass los und werde glücklich

Dörthe Huth

Lass los und werde glücklich

südwest°

Inhaltsverzeichnis

Meine Einladung an Sie als Leser

Im Leben stehen wir uns so manches Mal selbst im Weg. Die Geschichten, welche mir Menschen anvertrauen, die an etwas festhalten, berühren mich immer wieder. Öffnen wir doch der Lebensfreude die Haustür und laden sie endlich ein, zu Gast bei uns zu sein. Wenn Sie Ihr persönliches Glück nicht dem Zufall überlassen möchten, dann machen Sie sich mit diesem Buch auf die Veränderungsreise ins Glück. Vorausgesetzt Sie sagen gerade jetzt zu sich selbst: „Lass los und werde glücklich!" Sie sind eingeladen.

Dieses Buch ist all denen gewidmet, die sich auf den Weg ins Glück machen wollen. Mit besonderer Freude widme ich es meinen Großeltern, Monika Fuchs und Alfred Fuchs (†): Ihr wart mir immer die Felsen in der Brandung des Lebens.

Du bist mir willkommen

Du bist mir willkommen, als Kämpferin und als Verletzte.
Du bist mir willkommen, ob Du ein Jemand bist oder ein Niemand.
Du bist mir willkommen, auch wenn Du versuchst, mich zu täuschen.
Oft stehe ich inmitten der Abwehr, sehe bis in den Schmerz.
Ich bin aufmerksam für das, was Dich starr macht.
Ich bin aufmerksam für das, was Dich an die Vergangenheit bindet.
Ich bin aufmerksam für die Mittel, die Du nutzt, um dich zu betäuben.
Gehen wir doch gemeinsam ein Stück des Weges!
Mich berührt der Moment, in dem Du Deine innere Leere zulässt.
Mich berührt der Moment, in dem Du Deiner Angst in die Augen schaust.
Mich berührt der Moment, in dem wir uns begegnen.
Du bist mir willkommen,
bis Du aus voller Kehle singst, wenn Dir danach zumute ist,
bis Du barfuß durch den Schnee läufst und Dich dabei lebendig fühlst,
bis Du alle Deine Anteile annimmst und sagen kannst: Ja, all das bin ich!
Bis Du spürst, was Dich einzigartig macht.

Das sind die Momente, in denen Du loslässt und glücklich bist.

Ihre Dörthe Huth

Visualisierung: Festhalten oder fliegen

Erinnern Sie sich noch daran, wie es war, als Sie Ihren ersten Luftballon in der Hand hielten? Für die meisten Menschen ist das eine wunderbare Erinnerung. Besonders die mit Helium gefüllten Ballons, die es früher nur auf den Jahrmärkten gab – damals waren sie noch ganz außergewöhnlich. Diese abenteuerlichen Ballons zogen uns förmlich in ihren Bann und zauberten ein Lächeln auf jedes Gesicht. Fasziniert von der Schwerelosigkeit war man darauf bedacht, das Band festzuhalten, das einen mit dem Ballon verband. Ganz besondere Freude machte es, den Ballon an seinem Band immer wieder ein Stückchen nach oben hin loszulassen, um ihn dann wieder heranzuholen. Es war, als würde sich der Ballon immer wieder selbst befreien wollen.

Nahm man den Ballon mit nach Hause, konnte man dieses Vergnügen einen oder zwei Tage lang genießen. Danach bot sich ein trauriges Bild: Der Ballon lag schlaff am Boden, das Gas hatte sich verflüchtigt.

Hatte man jedoch vorher auf der Kirmes nur einen Augenblick nicht aufgepasst, die verbindende Schnur nur für einen Moment außer Acht gelassen, verabschiedete sich der Ballon in den Himmel. Ihn nicht mehr zu besitzen war sehr traurig und oft auch noch mit der Schelte der Eltern verbunden. Aber zu beobachten, wie der Ballon immer höher stieg und immer weiter flog, war wunderschön, oft verbunden mit einem Gefühl von Weite und Glück. So als schenkte man sich selbst ein Stück mehr Freiheit.

In beiden Fällen haben wir den Ballon verloren. Doch die Gefühle, die mit dem Verlust einhergehen, können bei jedem Menschen sehr unterschiedlich sein.

Loslassen, um glücklich zu werden

Der Weg ins Glück führt uns häufig über das Loslassen. Nicht immer ist uns das bewusst und manchmal klingt es in unseren Ohren sogar paradox. Oft ist es nur ein diffuses Gefühl, nicht richtig zu sein, sich unwohl zu fühlen, das einem die Lebensfreude trübt, die Lust am Leben hemmt und das Glück einfach nicht im eigenen Leben einziehen lässt.

> *Wenn sich eine Tür schließt, dann öffnet sich eine andere. Aber wir schauen meist so lange und so bedauernd auf die geschlossene Tür, dass wir die, die sich für uns öffnet, nicht sehen.* ALEXANDER GRAHAM BELL

Wieso sollte man etwas loslassen, was man sich vielleicht jahrelang ersehnt hat? Warum sollte es gut tun, sich von einer Beziehung zu lösen, wenn man doch das Gefühl hat, ohne diesen Menschen gar nicht leben zu können? Weshalb sollte es gut tun, sich von Vorstellungen zu befreien, auf die man lange hingearbeitet hat? Und warum sollte man sich von schlechten Gefühlen befreien, wenn diese doch von jemand anderem ausgelöst wurden? Genau solche Themen unseres Lebens halten uns fest, indem sie uns Kraft und Selbstvertrauen rauben. Sie warten förmlich auf die Befreiung durch das Loslassen.

Loslassen gehört einfach zum Leben: Ständig nehmen wir Abschied von Situationen, denen wir entwachsen sind. Immer wieder passen wir uns an neue Gegebenheiten an. Meist geht das problemlos vonstatten. Wir lösen uns von dem, was nicht mehr in unser Leben passt, und machen damit Platz für Neues. Vielleicht haben Sie in Ihrem Leben auch schon einmal bewusst losgelassen – etwa einen Termin sausenlassen und die gewonnene Zeit für etwas anderes verwendet, was Ihnen wichtiger war? Aber selbst wenn Sie sich an keine solche Situation erinnern, haben Sie mit dem Loslassen schon reichlich Erfahrung gemacht: Für Babys ist es irgendwann an der Zeit, von der Muttermilch auf feste Nahrung umzusteigen. Kindern fallen die Milchzähne aus, um den bleibenden Zähnen Platz zu machen. Kindergartenkinder werden zu Schulkindern. Jugendliche ziehen aus der elterlichen Wohnung aus. Erwachsene wechseln Arbeitsstellen, Wohnorte oder Partner.

Das geschieht einfach, weil sich Wünsche, Ziele und Einstellungen im Laufe der Zeit verändern. Manchmal haftet man jedoch an bestimmten Themen, sitzt in einem Sumpf von Gefühlen fest und klammert sich an Menschen, Dinge oder Situationen. Nicht immer fällt es leicht, loszulassen. Doch je stärker wir an etwas haften, umso mehr Angst macht uns das Loslassen. Wir wollen den Abschiedsschmerz nicht spüren und haben Angst vor der Zukunft. In solchen Fällen wollen wir nicht merken, dass uns etwas nicht mehr gut tut oder dass unser Handeln von etwas bestimmt wird, das längst abgeschlossen sein sollte. Doch mit jedem unbequemen Loslassen begrüßen wir auch immer wieder neue Zeiten der persönlichen Weiterentwicklung. Jedes leidige Loslassen ist auch ein neuer Anlauf ins Glück.

Sind Sie frei?

Wie sieht es bei Ihnen aus? Hängen Sie möglicherweise in einer Beziehung fest, die Ihnen nicht gut tut? Oder klammern sich an Einstellungen, die Sie daran hindern, glücklich zu sein? Vielleicht nimmt eine körperliche Erkrankung Ihnen alle Lebensfreude, weil sie auf alle anderen Bereiche Ihres Lebens ausstrahlt? Alte Verletzungen, Niederlagen, Probleme persönlicher, gesundheitlicher und beruflicher Natur begleiten uns häufig lange Zeit auf unserem Lebensweg. Selbstverständlich brauchen wir Zeit, solche Schicksalsschläge zu verarbeiten. Wir müssen uns mit ihnen beschäftigen, sie innerlich bearbeiten und verdauen, um sie nach einer gewissen Zeit dann loslassen und uns neuen Aspekten des Lebens zuwenden zu können.

Loslassen: Eine Medaille mit zwei Seiten

Loszulassen bedeutet einerseits, sich von Altem zu befreien. Andererseits heißt es aber auch, sich für das Kommende zu öffnen. Sich auf den Weg ins Glück zu machen, heißt also gleichzeitig, sich auf Entdeckungen über sich selbst einzulassen: die eigene Persönlichkeit zu erforschen, die Sonnenseiten seiner Persönlichkeit ebenso zu entdecken wie die eigenen Schattenseiten. Diese verschiedenen Facetten können eine Bereicherung sein, die uns sowohl fasziniert als auch ängstigt.

Eine innere Veränderung geschieht über den Verstand, das Gefühl und das Handeln. Wenn das Loslassen gelingt, kommt man immer mehr in Bewegung, steigt immer mehr aus einem isolierten, starren Erleben aus und kann zunehmend Neues zulassen.

Mit diesem Buch sind Sie eingeladen, in sechs Schritten Kontakt zu einer Situation, zu einer Erkrankung oder zu einem Problem aufzunehmen. Die Gedankenanstöße, Übungen und Anleitungen zeigen verschiedene Möglichkeiten auf, eine eigene Zugangsweise zu finden. Ich wünsche Ihnen viel Motivation, Freude und Erfolg auf Ihrem Weg.

Besondere Werkzeuge für Zeiten des Wandels

Es reicht nicht, ein Buch zu lesen und die Dinge zu durchdenken, es bedarf einer Veränderung im Tun, damit es zu einer Veränderung Ihrer Situation kommen kann. Auf den Klappen und ab Seite 180 in diesem Buch erhalten Sie das Werkzeug für Ihren Weg ins Glück. Sinnvoll ist zum Beispiel ein „Veränderungstagebuch". Wenn Sie den Verlauf der Veränderung in einer Art Tagebuch dokumentieren, halten Sie den Ablauf des Loslassens strukturiert fest. Sie können darin alles aufschreiben, was Sie bewegt: Ihre Ideen, die Übungen aus diesem Buch, Ihre Gedanken zum Thema, alles was gut funktioniert und auch das, was nicht hilft.

In sechs Schritten loslassen und das Glück finden

Loszulassen und ins Glück zu starten gleicht dem Aufstieg auf einen Berg: als wäre man mit einem schweren Rucksack voller Altlasten losgezogen. Aber unterwegs merkt man, dass man mit all diesem Ballast den Gipfel nicht erreichen kann. Machen Sie deshalb auf Ihrem Weg an sechs Berghütten Halt, um sich Stück für Stück Ihrer Last zu entledigen.

Schritt 1: Wahrnehmen und bemerken
Bestandsaufnahme: Von welchen Lasten konnten Sie sich bisher nicht trennen? Sie allein treffen die Entscheidung, ob Sie sich auf den Weg zum Glück einlassen oder weiter leiden.
Schritt 2: Sich einlassen und Ressourcen aktivieren
Jetzt lassen Sie sich auf Ihr Festhalte-Thema ein. Dazu aktivieren Sie all Ihre Ressourcen, die Ihnen dabei helfen können.
Schritt 3: Die Gefühlswelt in Einklang bringen
Sie beginnen sich aus Ihrer bisherigen Haltung zu lösen und schaffen sich ein Verständnis für Ihre Gefühlswelt.
Schritt 4: Die innere Befreiung
Der alte Verlauf erhält im Nachhinein einen neuen Sinn. So ist es leichter, sich neuen Möglichkeiten zuzuwenden. Sie eröffnen sich neue Lebensperspektiven.
Schritt 5: Die Glücksmetamorphose
Sie holen die Lebensfreude wieder in Ihr Leben, indem Sie sich darin üben, die kleinen und die großen Glücksmomente einzusammeln und machbare Träume zu verwirklichen.
6. Schritt: Im Zauber der Lebensfreude
Genießen Sie als Gipfelstürmer vom höchsten Punkt aus Vergangenheit, Gegenwart und Zukunft. Im Einklang mit sich und der Welt können Sie das Glück genießen.

Der erste Schritt: Wahrnehmen und bemerken

Tun Sie den ersten Schritt, indem Sie sich Zeit für eine ehrliche Bestandsaufnahme nehmen. Am Anfang eines Veränderungsprozesses steht die Aufgabe, die Aufmerksamkeit auf das zu lenken, was jetzt ist: das wahrzunehmen, was unstimmig ist, ebenso wie das, was stimmt.

> *Unser Leben hängt davon ab, was wir aus dem machen, was aus uns gemacht wurde.* **Jean Paul Sartre**

Der erste Schritt im Überblick

Wer nicht wahrnimmt, dass er selbst Dinge und Situationen analysieren und dann auch etwas daran verändern kann, der wird es auch nicht tun. Um aber Probleme und Hindernisse des Lebens bemerken und anschließend aus dem Weg räumen zu können, braucht man eine gewisse Sensibilität sowie ein Gespür für Fehlentwürfe, Abwege, Knackpunkte und Heimlichkeiten. Kurzum: Eine Problemsituation bedarf der gezielten Analyse durch einen gezielten Wahrnehmungsprozess. Wenn dies nicht gelingt, sind wir nämlich nur allzu schnell bereit, anderen Menschen oder bestimmten Umständen die Schuld zuzuweisen.

In diesem ersten Schritt schauen Sie auf das, was Sie in Ihrem Leben verändern wollen. Sie treffen schon hier eine Entscheidung, Ihr Leben selbst in die Hand zu nehmen oder alles so zu belassen, wie es ist. Beides hat seine Vor- und Nachteile. Muten Sie sich nicht zu viel auf einmal zu. Setzen Sie Ihre Energie gezielt da ein, wo Ihnen Veränderung am wichtigsten ist.

Visualisierung: Der Glücksberg

Stellen Sie sich vor, Sie machen sich auf den Weg zum Gipfel eines Berges.

Sie sind ein Wanderer, der mit einem vollgepackten Rucksack losgezogen ist und auf seinem Weg bemerkt, dass er mit so viel Gewicht auf dem Rücken den Gipfel nicht erreichen kann. So macht er an sechs Berghütten Halt, um sich Stück für Stück von unnötigem Gepäck zu befreien.

Der Glücksberg ist ein interessanter, felsiger Berg mit ganz unterschiedlich steilen Pfaden. Und der Weg zum Gipfel ist lang und hat viele anspruchsvolle, schwierige Stellen. Nimmt man von Anfang an einen der holprigen Trampelpfade oberhalb oder unterhalb des Weges, wird man beschwerlicher wandern. Leicht kann man sich verirren und das Ziel verfehlen.

Es gilt, die Kräfte schonend einzusetzen.

So manch einer, der mit einem vollgepackten Rucksack losgezogen ist, bemerkt nach einiger Zeit, dass er Gewicht abgeben muss, um weiter zu kommen. Doch wenn man nicht weiß, was man noch braucht, ist es schwierig, sich von dem zu trennen, was man hat! Wohlüberlegt kann man sich bei jeder Rast einer unnützen Kleinigkeit entledigen. Nach und nach kann man sich so von unnötigem Ballast befreien.

Und es lohnt sich, den Aufstieg durchzuhalten: Denn von oben kann man eine wunderbare Aussicht genießen. Vom Gipfel aus hat man einen Blick über das ganze Lebens-Panorama. Man hat einen Überblick über das, was man schon geschafft hat, und kann schon einmal abschätzen, was noch vor einem liegt. Und dabei steht man fest und sicher auf dem Gipfel der Gegenwart.

So funktioniert unsere Wahrnehmung

Die Welt bietet eine unendliche Fülle an Sinneseindrücken. Oft auch zu viele auf einmal: flackerndes Licht, laute Musik, viele Stimmen, ständig mehrere Handlungsstränge gleichzeitig ... Damit wir nicht völlig überlastet werden, müssen all diese Informationen gefiltert werden. Schon beim Wahrnehmungsvorgang sortiert unser Gehirn deshalb vieles aus, damit wir uns auf die wesentlichen Dinge konzentrieren. Manchmal blendet unser Gehirn auch Eindrücke aus, die uns zu sehr belasten oder mit denen wir uns gar nicht beschäftigen wollen. In einem solchen Fall sehen wir möglicherweise unsere Realität ungenau oder verzerrt. Für den Loslass-Prozess bedeutet das, dass man manchmal an entscheidenden Stellen etwas ausblendet, das unangenehm ist oder das der eigene Filter ohnehin auszusortieren gelernt hat.

In belastenden Situationen können wir jedoch all das Störende nicht immer ausblenden. Das merkt man vielleicht daran, dass man intensiver empfindet als sonst, jedes Wort auf die Goldwaage legt oder schon einen bestimmten Tonfall als Angriff erlebt.

Die Welt neu entdecken

Menschen erleben Ereignisse sehr unterschiedlich. Die Art, in der wir das Geschehen um uns herum und in uns selbst wahrnehmen, entwickelt sich im Laufe unseres Lebens durch Erziehung, Erlebnisse und persönliche Erfahrungsverknüpfungen. Auch wie man Situationen beurteilt und interpretiert, welche Schlussfolgerungen und Konsequenzen man daraus zieht, geschieht vor dem Hintergrund des eigenen bisherigen Lebens. Deshalb erleben verschiedene Menschen ein und dieselbe Begebenheit sehr unterschiedlich. Das ist zum einen faszinierend, birgt zum anderen aber auch Raum für Missverständnisse. Denn jeder Mensch schafft sich aufgrund dieser Wahrnehmung seine eigene Welt, seine persönliche Realität. Und jeder ist der Meinung, die Welt könne nur genau so sein, wie er selbst sie sieht.

EXPERIMENT: Mein Glückssymbol

Gehen Sie mit offenen Sinnen ein Stück des Weges und achten Sie auf die kleinen Vorboten des Glücks. Vielleicht stoßen Sie auf die drei Nüsse für Aschenbrödel, auf einen Glückspfennig oder auf ein Stück achtlos weggeworfenes Papier. Ihr Glückssymbol ist wie ein Vorbote des Glücks und wird sich Ihnen zeigen. Nehmen Sie es mit nach Hause. Von nun an soll es Sie auf Ihrem Veränderungsweg begleiten. Erkennen Sie Ihre Glücksboten, wann immer sie sich Ihnen zeigen.

Gespür entwickeln …

Um etwas zu verändern, müssen Sie erst einmal bemerken, wann Sie sich in Situationen befinden, in denen etwas anders laufen könnte. Sie müssen spüren, wie, wo und wann genau Sie etwas anders machen könnten. Aber vieles von dem, was wir tagtäglich tun und beobachten, läuft ganz routinemäßig ab. Wir schauen und hören gar nicht mehr richtig hin. Eigene Schutzmechanismen und innere Blockaden nehmen wir im Alltag nicht so recht wahr. Erst wenn wir uns auf einen ungefilterten Wahrnehmungsprozess einlassen und diesen nicht bewerten, können wir feststellen, was tatsächlich hinter einem vordergründigen Problem steht. Beginnen Sie also zu bemerken, WIE etwas ist, das Sie stört. Beginnen Sie damit, Ihre Konzentration immer wieder ganz bewusst auf Ihre Wahrnehmung zu lenken. Beobachten Sie gezielt: mal sich selbst, mal Ihre Umwelt. Registrieren Sie, was Ihr Körper sagt und was Ihre Seele spricht. Fangen Sie ruhig auf der körperlichen Ebene an: Spüren Sie genauer hin, wenn sich Ihre Muskeln verspannen, wenn Sie Rückenschmerzen oder ein flaues Gefühl im Magen bekommen. Werden Sie sich darüber bewusst, was Sie stört, was nicht richtig funktioniert oder was Ihnen fehlt.

CHECKLISTE: Anzeichen für ungesundes Festhalten

Die folgenden Leitfragen können Hinweise darauf sein, dass Sie an etwas festhalten. Oft macht ein Festhalte-Geschehen durch körperliche oder seelische Zeichen auf sich aufmerksam. Seien Sie ehrlich zu sich und registrieren Sie alle Symptome, die Sie erkennen.

* Haben Sie das Bedürfnis, von manchen Begebenheiten immer wieder zu erzählen?
* Haben Sie Alpträume, haben Ihre Träume immer wieder sehr ähnliche Inhalte?
* Schlafen Sie schlecht ein oder wachen Sie nachts immer wieder auf? Bleibt Ihr Schlaf ohne Erholungseffekt, so dass Sie sich morgens wie gerädert fühlen?
* Leiden Sie unter körperlichen Spannungszuständen, wie Kopfschmerzen, Migräne, Schulter-Nacken-Verspannungen, Kieferverspannungen oder Zähneknirschen?
* Haben Sie häufig Rückenschmerzen?
* Hegen Sie Rachegefühle gegen jemanden?
* Sind Sie häufig wütend, sauer oder genervt?
* Sind Sie oft gekränkt, beleidigt oder fühlen sich zurückgestoßen?
* Halten Sie sich selbst für einen Unglücksraben?
* Sammeln Sie gern und viel – und können sich von altem Zeug nur sehr schwer trennen?
* Sind Sie häufig unter Zeitdruck? Zerrt jemand an Ihnen?
* Sind Sie oft nicht richtig bei der Sache? Haben Sie Konzentrationsschwierigkeiten oder vergessen Sie einfach vieles?

Wenn Sie eine oder mehrere dieser Fragen mit Ja beantwortet haben, halten Sie wahrscheinlich an etwas fest, das Ihnen nicht gut tut. Fragen Sie sich doch einmal, was hinter den einzelnen Aspekten stecken könnte. Haben Sie vielleicht schon eine Ahnung, worum es dabei wirklich geht?

EXPERIMENT:
Stellen Sie alles auf Null!

Probieren Sie doch einmal etwas aus: Verhalten Sie sich so, als würden Sie Ihr Leben ganz neu zu betrachten. So als sähen und erlebten Sie alles zum ersten Mal. Schalten Sie dazu aus, was Sie schon wissen: Gedanken, Gefühle, Urteile und Wertungen stellen Sie einfach auf Null. Werfen Sie nun einen freien Blick auf sich, auf die Menschen um Sie herum und auf Ihre Umgebung. Was verändert sich für Sie?

Woran Menschen festhalten

Menschen halten an den unterschiedlichsten Angelegenheiten fest und viele bemerken es nicht einmal. Wir wollen zu Reichtum und Ansehen gelangen. Wir wollen die wahre Liebe finden, eine Familie gründen, Freunde gewinnen, Anerkennung bekommen.

Die Vorstellung, dass wir all das, was wir uns im Laufe der Zeit erworben haben, auch wieder verlieren können, macht uns Angst. Deshalb lassen wir die Gedanken daran erst gar nicht zu. Und trotzdem geschieht genau das Gefürchtete: Wir erleben Verluste und Abschiede in den unterschiedlichsten Formen immer und immer wieder. Manchmal verlieren wir den Kontakt zu anderen Menschen, manchmal auch den Einfluss, den wir auf andere haben. Mit zunehmendem Alter büßen wir körperliche Fähigkeiten ein, über die wir bis dahin ganz selbstverständlich verfügten. Manch einer verliert seinen Job, ein anderer seine Heimat und wieder ein anderer seine Gesundheit.

Das Leben enthält viel Unvorhersehbares. Einiges davon spielt in den Erfahrungsberichten eine Rolle, die Sie in diesem Buch immer wieder finden werden. Welche Menschen dabei auftauchen werden, lesen Sie auf der nächsten Seite.

ERFAHRUNGSBERICHTE:
Den Weg aus der Sackgasse finden

Kommen Ihnen manche dieser Verstrickungen bekannt vor?

Zermürbt in einer beruflichen Situation
Nachdem die angehende Lehrerin Katja mit ihrem Mentor Herrn H. aneinander geraten war, machte dieser ihr das Referendariat schwer, indem er ihr fortan in allen möglichen Situationen die Kompetenz absprach und vor Schülern und Kollegen demütigte.
Katja war letztendlich froh, unter diesen nervenaufreibenden Bedingungen überhaupt ihr zweites Staatsexamen bis zum Schluss durchgehalten zu haben.

Der unerfüllte Kinderwunsch
Dirk und Anja wollen um jeden Preis ein leibliches Kind, dafür opfern sie Zeit, Nerven und reichlich Geld, denn die Möglichkeiten über die Krankenkasse sind ausgeschöpft.

Überraschend neue Familiensituation
Claudia ist dagegen mit 42 Jahren überraschend schwanger geworden und muss sich mit ihrem Lebensgefährten an die Idee einer späten Elternschaft gewöhnen.

Ständig in Zeitnot
Brigitte ist eine perfekte Hausfrau, versorgt außerdem ihre gebrechlichen Eltern und engagiert sich ehrenamtlich. Obwohl sie nicht arbeitet und die Kinder längst aus dem Haus sind, hat sie keine Zeit für sich. Sie würde außerdem gern etwas weniger wiegen.

Große Liebe verzweifelt gesucht
Lisa sucht den Mann fürs Leben und wird immer wieder enttäuscht, weil sich ihre Partner stets rasch wieder von ihr abwenden.

PROTOKOLL ZUR SELBSTREFLEKTION: Woran halten Sie fest?

* Halten Sie einen Augenblick inne und überlegen Sie, ob Sie innerlich bereit sind, sich **JETZT** auf den Weg ins Glück zu machen. Lassen Sie vor Ihrem inneren Auge Situationen erscheinen, an denen Sie unglücklicherweise derzeit noch festhängen. Das kann ein Mensch sein, von dem Sie nicht loskommen, obwohl er Ihnen nicht gut tut. Das können schwierige Situationen ein, in die Sie immer wieder geraten, eine Krankheit, die Sie fest im Griff hat, oder auch bestimmte eigene Überzeugungen, die Ihnen keine Lebensfreude lassen. Listen Sie all dies in jeweils einem Satz auf oder vergeben Sie jeweils ein Stichwort. Von welchen Umständen können Sie sich nicht trennen, von welchen Gedanken nicht lösen? Schreiben Sie diese Themen auf.
* Anschließend sehen Sie sich Ihre Themen einmal genauer an. Sortieren Sie Ihre Themen nach Wichtigkeit und nach Dringlichkeit. Welches Thema hat die höchste Priorität?

Meine Loslass-Themen, nach Dringlichkeit sortiert:

1. ______________________________

2. ______________________________

3. ______________________________

* Ist das erste Thema auch das, was Sie als Erstes angehen möchten? Wenn es Ihnen für den Anfang zu groß und zu schwierig erscheint, wählen Sie sich für den Beginn ein anderes Thema aus.

Mein Loslass-Thema der nächsten Zeit heißt:

____

Schritt für Schritt …

Nehmen Sie sich nicht gleich alle Themen auf einmal vor! Sich wirklich auf ein Loslass-Geschehen einzulassen, kann anstrengend sein und Gefühle freisetzen, von denen Sie vorher vielleicht gar nichts wussten. Bei genauerem Hinsehen wird so manches Thema sehr viel umfassender und aufwändiger. Bei zu vielen Loslass-Aktivitäten wird das ein Kampf gegen Windmühlen und Sie laufen Gefahr, auf einer oberflächlichen Ebene zu verweilen, weil Sie sich auf kein Thema so richtig einlassen können. Wenn Sie Veränderung wirklich wollen, dann beginnen Sie jetzt mit einer Entscheidung: Hier und jetzt beginne ich damit, mein erstes Thema anzugehen. Falls Sie sich an dieser Stelle dafür entscheiden, alles so zu belassen, wie es jetzt ist, legen Sie das Buch ruhig zur Seite und lassen es eine Zeit lang irgendwo ruhen.
Bitte arbeiten Sie nicht gleichzeitig an mehr als drei Themen. Wenn Sie an zu vielen Fronten kämpfen, verteilt sich Ihre Energie. Sie wird nicht ausreichen, um eine größere Veränderung wie das Loslassen zuzulassen. An dieser Stelle wird Ihr Wollen wichtig: Sind Sie ausreichend motiviert?

AFFIRMATION: Eine erste Affirmation für den Glücksweg

Eine Affirmation ist ein hilfreicher Satz, der Sie motiviert und unterstützt, Ihr Ziel zu erreichen. Das, was Sie glauben wollen, sagen Sie sich so, als wäre die Situation, die Sie anstreben, bereits erreicht. Mehr über Affirmationen lesen Sie ab Seite 182. Beispielsätze für eine Affirmation auf Ihrem Glücksweg könnten sein: „Ich freue mich auf meine Veränderungen.“
Oder: „Ich genieße jeden Schritt, mit dem ich mich glücklichen Zeiten nähere.“
Probieren Sie ruhig verschiedene Sätze aus, bis Sie fühlen, dass diese Affirmation für Sie auch tatsächlich stimmig ist.

Erkunden Sie Ihre aktuelle Loslass-Strategie

Wir alle haben eine Vorstellung von uns selbst und davon, wie wir Hindernisse überwinden, wie wir Menschen, Dinge und Situationen aus den verschiedensten Gründen loslassen wollen oder müssen. Im Rückblick glauben wir häufig, zu wissen, warum uns etwas geschehen konnte, wer welchen Anteil daran trägt und welche Umstände dazu geführt haben. Nicht selten fühlen wir uns sogar als ein Opfer der Umstände, als Opfer eines anderen Menschen oder als Opfer des Schicksals.

Vielleicht haben Sie auch schon bemerkt, dass andere Menschen, welche die Situationen von außen betrachten, oft eine andere Sicht auf das Geschehen haben. Zwischen unserer „Innenansicht" einer Situation und dem unabhängigen Blick von außen klafft häufig eine ziemlich große Lücke.

EXPERIMENT:
Eine Postkarte an das Glück

Schreiben Sie doch mal eine Postkarte an das Glück. Vielleicht etwa in folgendem Stil:

Liebes Glück,
von weit her schicke ich Dir schon einmal einen Gruß!
Hier, wo ich jetzt bin, gefällt es mir nicht so gut, deshalb kündige ich Dir meinen Besuch an. Wann ich genau komme, weiß ich noch nicht. Aber ich hoffe, dass wir uns schon bald begrüßen können.

Mit einem lieben Gruß aus der Ferne,
Deine …

TEST: Meine Loslass-Strategie

Wenn Sie wissen möchten, welche Art der Loslass-Strategie Sie sich in Ihrem bisherigen Leben angeeignet haben und jetzt vorrangig nutzen, beantworten Sie ganz offen und ehrlich den nachfolgenden Fragenkatalog. Durch die Auswertung können Sie einordnen, auf welche Art Sie meist loslassen und bekommen anschließend einige Taktiken an die Hand, die Ihnen das Herangehen an Ihre aktuellen Themen erleichtern können.

	Aussage	Eher ja	Eher nein
1.	„Kommt Zeit, kommt Rat", ist meine Devise.	☐	☐
2.	Probleme gehe ich meist sofort an, ohne viel darüber nachzudenken.	☐	☐
3.	Bevor ich eine Sache in Angriff nehme, denke ich zuerst über mein Ziel und die Konsequenzen meines Handelns nach.	☐	☐
4.	Meist bin ich derjenige, der eine Sache anspricht.	☐	☐
5.	Der Alltag macht mir schon so viel Stress, da will ich mich nicht noch mit Schwierigkeiten befassen.	☐	☐
6.	Schwierige Situationen nehme ich häufig schon wahr, bevor andere sie bemerken.	☐	☐
7.	Meine direkte Art bringt mich manchmal in Schwierigkeiten.	☐	☐
8.	Oft bin ich sehr angespannt oder leide unter Kopf-, Rücken- oder Magenschmerzen.	☐	☐

	Aussage	Eher ja	Eher nein
9.	Wenn Veränderungen anstehen, lasse ich mich darauf ein, auch wenn es schmerzhaft oder anstrengend ist.	☐	☐
10.	Hin und wieder plagen mich nach einem Lösungsansatz Schuldgefühle.	☐	☐
11.	Manchmal verliere ich durch all die Aktivität bei der Problemlösung den Überblick.	☐	☐
12.	Mich interessiert sehr, was ich selbst zu verändern imstande bin.	☐	☐
13	Manchmal bekomme ich erst mit, dass es Schwierigkeiten gibt, wenn es schon viel zu spät ist, um noch eine gute Regelung zu finden.	☐	☐
14.	Mein Motto: Augen zu und durch.	☐	☐
15.	Es fällt mir schwer, mich auf Probleme, Schwierigkeiten und Hindernisse einzulassen.	☐	☐
16.	Rückschläge werfen mich nicht aus der Bahn.	☐	☐
17	Ich bin häufiger in Streitigkeiten verwickelt.	☐	☐
18.	Sobald Schwierigkeiten auftauchen, gehe ich lieber auf Tauchstation.	☐	☐
19.	Ich bin in der Lage, mich selbst zu motivieren, um ein Thema anzugehen.	☐	☐

Aussage	Eher ja	Eher nein
20. Ich kann schlecht ein- oder durchschlafen und fühle mich am Morgen nur unzureichend erholt.	☐	☐
21. Ich hole mir Rat von anderen Menschen, die mir wichtig sind, Ähnliches erlebt haben, oder von Experten, um mir meine eigene Meinung zu bilden.	☐	☐
22. Hin und wieder habe ich Schwierigkeiten, meine Emotionen zu zügeln.	☐	☐
23. Manchmal verselbständigen sich meine Gedanken und ich komme aus dem Grübeln nicht heraus.	☐	☐
24. Ich beschäftige mich mehr mit den Problemen anderer Menschen als mit meinen eigenen.	☐	☐
25. Ich sage meist recht deutlich meine Meinung.	☐	☐
26. Ich kann mich nur schwer motivieren, mich auf ein inneres Thema einzulassen.	☐	☐
27. Meine Kraft und Energie zur Lösung verpufft nach einer Weile, wenn die Sache länger dauert.	☐	☐
28. Ich wäge erst Vor- und Nachteile meines Handelns gut ab und traue mich dann auch zu handeln.	☐	☐
29. Oft fühle ich mich nicht wirklich gut, obwohl eigentlich alles in Ordnung ist.	☐	☐
30. Bestimmte Menschen dürfen wissen, wie es mir geht.	☐	☐

Auswertung

Bitte werten Sie den Fragebogen nun folgendermaßen aus: Unter den jeweiligen Buchstaben A, B und C finden Sie jeweils die Ja-Antworten, die auf die entsprechende Strategie hindeuten. Also: Falls Sie die Frage 1 mit Ja beantwortet haben, deutet das auf die Strategie B hin, ein Ja bei Frage 2 auf die Strategie A. Zählen Sie zusammen, wie häufig Sie jeweils eine A-, B- oder C-Antwort gegeben haben.

A: 2, 4, 7, 10, 11, 14, 17, 22, 25, 27 [6]

B: 1, 5, 8, 13, 15, 18, 20, 24, 26, 29 [8]

C: 3, 6, 9, 12, 16,19, 21, 23, 28, 30 [6]

Lesen Sie zuerst die Rubrik, in der Sie die meisten Fragen mit Ja beantwortet haben; so erfahren Sie, welche Loslass-Strategie Sie am häufigsten nutzen.

Falls Sie in einem Bereich deutlich mehr Ja-Antworten angekreuzt haben als in den anderen Bereichen, dann dominiert das in diesem Bereich beschriebene Prinzip. Es können aber auch zwei Prinzipien in Ihnen dominant sein. Lesen Sie dann am besten beide Strategien aufmerksam durch. Wenn Sie in allen drei Bereichen eine ähnliche Punktezahl erreicht haben, wechseln Sie eventuell zwischen Ihren Loslass-Möglichkeiten.

Interpretationen

A: Die Draufgänger-Strategie

Sie scheuen sich weder vor Konflikten noch vor Problemen. Schnell bemerken Sie, wenn Schwierigkeiten vor der Tür stehen und gehen diese voll Motivation und Elan an. Das ist besonders gut, wenn Sie auf Menschen stoßen, die ähnlich veranlagt sind, denn dann können Sie schnell zu einer Lösung gelangen. Dabei darf es auch mal laut werden, hinterher ist dann alles wieder in Ordnung.

Schwierig wird es für Sie, wenn sich Probleme länger hinziehen, Lösungen auf sich warten lassen und Sie eigentlich dranbleiben müssten. Über längere Zeit ein und dasselbe Thema zu verfolgen, fällt Ihnen schwer. Ihre anfängliche Energie verfliegt schnell wieder und Sie haben dann den Eindruck, alle anderen würden Ihnen das Leben schwer machen.

Taktik für Nutzer der Draufgänger-Strategie

Bremsen Sie sich zwischendurch selbst immer wieder einmal aus, damit Sie den Überblick behalten. Wegen Ihres heißblütigen Lösungstemperaments preschen Sie häufig zu schnell vor, um die kleinen und großen Komplikationen des Lebens sofort aufzulösen. Vielleicht hilft es Ihnen schon, sich in einem solchen Augenblick zurückzuhalten, indem Sie vorher einige Male tief durchatmen. Damit Sie sich nicht in Schwierigkeiten bringen, können Sie auch einmal folgendes ausprobieren: Schreiben Sie sich auf, was Sie sagen wollen. Machen Sie sich Stichpunkte und gönnen Sie sich dann erst einmal einen langen Spaziergang, bevor Sie loslegen; oder Sie schlafen erst einmal eine Nacht darüber. Denn Sie können auch am nächsten Tag noch reagieren, dann aber weit weniger emotional, als Sie es sonst oft tun. Ein solches Vorgehen bändigt einerseits Ihre überschäumenden Emotionen, andererseits hilft es Ihnen dabei, die Folgen Ihres Verhaltens abzuwägen. Heben Sie sich Ihre Energie und Kraft für den gesamten Prozess des Loslassens auf, damit Sie genug Kraft für alle Etappen haben und Ihnen nicht auf halber Strecke die Puste ausgeht.

B: Die Ignorierer-Strategie

Offensichtlich fällt es Ihnen bisher schwer, wahrzunehmen, dass sich Verwicklungen ankündigen. Manchmal bemerken Sie erst, dass etwas anders ist, wenn eine Situation bereits abgeschlossen ist oder wenn es für eine Reaktion schon zu spät ist. Wahrscheinlich leiden Sie relativ häufig an körperlichen Reaktionen, haben vielleicht Kopf-

oder Rückenschmerzen, Ein- oder Durchschlafstörungen, ohne dass es einen offensichtlichen Grund dafür gibt.
Wenn Sie Schwierigkeiten wahrnehmen, hoffen Sie, dass diese sich möglichst von selbst regulieren. Vielleicht ist es Ihnen im Extremfall sogar schon einmal passiert, dass Ihr Partner seit Längerem eine Parallelbeziehung hatte, ohne dass Sie etwas davon bemerkt haben? Oder es kam vor, dass Sie noch immer an alten Arbeitsinhalten und -abläufen festhielten, obwohl Ihre Firma schon längst umstrukturiert hatte? Insgesamt beschäftigen Sie sich auch lieber mit den Problemen anderer Menschen als mit Ihren eigenen. Bei anderen wissen Sie besser, was zu tun wäre. Anderen Menschen können Sie sogar wirklich gute Tipps geben. Bei sich selbst jedoch fühlen Sie sich unsicher, denn da erscheint alles viel schwieriger.

Taktik für Nutzer der Ignorierer-Strategie
Üben Sie sich in Achtsamkeit! Für Ihre persönliche Weiterentwicklung ist es wichtig, auf die eigenen Gefühle zu hören, körperliche Reaktionen zu bemerken und einfach wahrzunehmen, was ist.

Fragen Sie sich zum Beispiel bei Rückenschmerzen, Migräne und anderen körperlichen Reaktionen, was Ihnen diese körperlichen Signale sagen wollen. Achten Sie auch auf Situationen, in denen Ihr Denken vorrangig um andere Menschen kreist. Vielleicht lenken Sie sich damit einfach ab, und Ihre Aufmerksamkeit gelangt nicht zu Ihrem eigenen Loslass-Prozess.

Machen Sie sich zwischendurch immer wieder einmal klar, welche Vorteile es für Sie haben kann, wenn Sie sich auf eine Thematik einlassen, um diese „abzuarbeiten", möglicherweise beseitigt das zum Beispiel Ihre Kopf- und Rückenschmerzen oder Schlafstörungen.

C: Die Verarbeiter-Strategie
Herzlichen Glückwunsch: Sie nehmen Schwierigkeiten und Hindernisse häufig schon wahr, bevor andere diese bemerken. Sie gehen besonnen und im richtigen Moment an Probleme heran, indem Sie schrittweise zu angemessenen Lösungen finden. Sie nehmen auch wahr, wann es an der

Zeit ist, ein Problem loszulassen, um wieder ins innere Gleichgewicht zu finden. Sie haben ein klares Ziel vor Augen und machen sich die Konsequenzen Ihres Handelns bewusst. Sie holen sich Rückmeldung von anderen Menschen ein und wägen ab, was diese sagen. Letztendlich vertrauen Sie aber auf Ihre eigene Entscheidung. Sie sind in der Lage, sich selbst zu einem Loslass-Prozess zu motivieren.

Taktik für Nutzer der Verarbeiter-Strategie
Sie haben sich im Laufe Ihres Lebens ein gutes Loslass-Repertoire angeeignet und sind daher im Loslassen geübt. Es könnte allerdings manchmal sein, dass Sie bei all der ausführlichen Selbstreflektion und Problembearbeitung nicht so einfach wieder auf den Glücksweg finden. Vergessen Sie nicht, auch wieder auf den Glückszug aufzuspringen und die süßen Seiten des Lebens ganz auszukosten.

Vielleicht wenden Sie sich hin und wieder einmal mehr den anderen Menschen zu. Sicher können Sie andere durch Ihre Verarbeitungskompetenzen gut in deren Loslass-Prozess unterstützen, indem Sie ihnen Sicherheit geben und Trost spenden.

Eignen Sie sich ruhig weitere Handlungsstrategien an, besonders solche, die Sie den Augenblick genießen lassen, damit Sie der Entwicklung Ihres Glücks einen ebensolchen Rang einräumen wie dem Loslassen.

EXPERIMENT: Strategiewechsel!

Wechseln Sie zwischendurch immer wieder einmal ganz bewusst Ihre Strategie. Probieren Sie auch die Strategie aus, die Sie bisher am wenigsten genutzt haben! Wenn Sie meist draufgängerisch sind, versuchen Sie es jetzt mit der Ignorierer-Strategie oder umgekehrt. Solche Strategiewechsel machen Sie flexibler in Ihrem Verhalten und schulen das Verständnis für sich und andere.

Zehn Tipps für einen erfolgreichen Start: Vom Ausgeliefertsein zum motivierten Handeln

Viele Faktoren spielen auf dem Weg ins Glück eine Rolle. Bevor Sie im Loslass-Geschehen weitergehen, lassen Sie sich daher von einigen Tipps inspirieren, vom Vorhaben auch wirklich ins motivierte Handeln zu kommen.

Tipp 1: Das individuelle Tempo finden

Sich durch den Loslass-Prozess auf Veränderung einzulassen, bedeutet gleichzeitig, eine neue Richtung auf dem Lebensweg einzuschlagen. Eine Richtung, die uns voller Erwartung hoffen lässt und uns neugierig macht. Gleichzeitig ist da aber auch eine Ungewissheit, weil wir uns mit vielem Neuen erst vertraut machen müssen.

Veränderung braucht Zeit! Eine positive Gefühlslandschaft entsteht selten unter Druck. Überfordern Sie sich nicht selbst und lassen Sie sich nicht von anderen scheuchen. Sie sind Ihr eigener Experte. Sie wissen, was für Sie gut ist, und Sie haben jedes Recht der Welt, die Dinge in Ihrem persönlichen Tempo anzugehen. Wenn es Zeit ist zu sprinten, dann sprinten Sie ein Stück, wenn es Zeit ist, langsam zu gehen, dann gehen Sie langsam. Und wenn Sie einen Umweg gehen wollen, probieren Sie ihn aus. Nicht immer ist es nur ein einziger Weg, der zur Problemlösung führt. Jede Teillösung auf dem Weg zum Ziel bringt etwas mehr Erleichterung, etwas mehr Zufriedenheit und Wohlbefinden. Vielleicht verändert sich auch auf dem Weg das Ziel, so dass Sie für sich eine passendere Alternative entdecken können.

An manchen Veränderungen arbeiten wir ein Leben lang. Manchmal eher angestrengt, manchmal eher oberflächlich, mal mehr und mal weniger wirksam. Ein solches Lebensthema wird immer wieder in unterschiedlichen Formen auftauchen. Wer beispielsweise Schwierigkeiten hat, sich abzugrenzen und in seinem Leben lange Ja zu allem und jedem gesagt hat, wird auch lange Zeit immer wieder üben müssen, ein Nein zu spüren, zu formulieren und es auch zu ertragen.

Lebensthema klingt nach einer langen Bearbeitungszeit. Oft werde ich gefragt, ob es sich denn überhaupt „lohnt“, daran zu arbeiten. Doch jede Arbeit an einem Loslass-Thema lohnt sich, auch die langwierige Aufgabe, die ein Lebensthema darstellt. Jede Arbeit daran bringt ein Stück mehr Erleichterung mit sich. Jede Mühe, die wir uns mit einem Loslass-Thema machen, befreit uns von überflüssigem Ballast. Bei jedem Loslassen etwas mehr Freude in sein Leben einziehen zu sehen, bringt auf Dauer sehr viel an Lebensqualität mit sich.

Tipp 2: Konkret werden

Wer zu viel auf einmal verändern will, kann schnell den Überblick verlieren. Wenn Sie jedoch konkret festlegen, was zuerst verändert werden soll und mit welchem Ziel, ist es leichter, auf dem Weg zu bleiben. Je konkreter und praktischer Sie Ihre Ziele formulieren, umso leichter fällt es Ihnen, den Veränderungsprozess einzuschätzen, die passenden Fähigkeiten zu aktivieren, die helfenden Strategien zu entwickeln und so sinnvoll auf Ihr Ziel zuzugehen.

Die Verbindlichkeit einer ganz konkret formulierten Zielsetzung ist enorm wichtig. Viel zu vage sind zum Beispiel Formulierungen und Gedanken wie: „Eigentlich würde ich ja gern ...“

* Formulieren Sie doch einmal für sich persönlich ganz konkret Ihr derzeitiges Ziel!
* Wann wäre das Ziel erreicht, also Ihr Festhalte-Problem gelöst?
* Woran würden Sie konkret merken, dass Sie losgelassen haben?

Für manche Menschen funktioniert Veränderung nur über den Verstand, über Wissen, Erkenntnis, Vernunft und Kontrolle. Andere hören eher auf ihr Bauchgefühl und glauben an die Veränderung durch das Erleben und Erfahren. Die Kunst besteht sicher darin, beides miteinander zu verbinden, also Gefühl und Verstand miteinander kommunizieren zu lassen, bis sie sich einigen.

Tipp 3: Auf Optimismus setzen

Wer schwierige Situationen als geschehen akzeptieren kann und sich dennoch ermutigt, an eine positive Zukunft zu glauben, hat offenbar eine gewisse Widerstandsfähigkeit entwickelt. Den Widrigkeiten des Lebens wird etwas Positives entgegengesetzt. Menschen können schmerzhafte Erfahrungen überstehen und sich dennoch entscheiden, an eine gute Zukunft zu glauben.

Welche inneren Sätze sind in Ihnen? So etwas wie: „Es wird schon werden". Oder sind es eher Sätze wie: „Immer passieren mir solche Sachen?"

In der Physik versteht man unter Widerstand die Fähigkeit eines Körpers, Stößen von außen standzuhalten und nach der Verformung dennoch seine ursprüngliche Struktur wieder einzunehmen. So können auch wir Menschen schmerzhafte Erfahrungen überstehen und uns dennoch für eine gute Zukunft entscheiden. Je besser wir uns unserer Fähigkeiten bewusst sind, desto eher können wir sie einsetzen.

Trauen Sie sich ruhig etwas zu! Sagen Sie sich selbst bestärkende Sätze wie: „Mir ist zwar schon viel passiert, aber jedes Mal lerne ich etwas dazu, wachse daran und ergreife die Möglichkeiten, die sich mir bieten, um die Dinge für mich zum Guten zu wenden."

Häufig sehen wir im Loslass-Geschehen nur die eine Seite einer Sache. Die Möglichkeit, dass es zwischen schwarz und weiß noch eine Zwischenzone gibt, erkennen wir häufig nur durch Übung. Aber mit etwas Erfahrung kann das Leben sich dann auf einem sehr breiten Farbspektrum abspielen, das unser Denken und Handeln flexibler macht. Geben Sie negativen Gedanken weniger Raum! Sie haben die Fähigkeit, sich selbst zu lenken. Schauen Sie mit einer positiven und wertschätzenden Grundhaltung auf sich selbst und Ihren Veränderungsprozess. Trainieren Sie sich darin, sowohl die guten als auch die schlechten Aspekte des Lebens anzuerkennen, denn sie machen die ganze Bandbreite des Lebens aus.

Eine offene Grundhaltung erleichtert Ihnen vieles. Je besser Sie die positiven Seiten des Lebens wieder wahrnehmen können, umso mehr zufriedene, lebenswerte und glückliche Momente werden Sie den Widrigkeiten des Lebens entgegensetzen können. Wenn Sie aktiv sind und auf sich selbst vertrauen, bleibt Ihr Glück nicht dem Zufall überlassen.

Tipp 4: Ressourcen aktivieren

Wir alle kennen das Phänomen: Man ärgert sich über jemanden, fühlt sich gekränkt, beleidigt, falsch beurteilt oder man ist nach einem Missgeschick peinlich berührt. Jedenfalls hält die Verstimmung über dieses Ereignis, der Ärger oder die Niedergeschlagenheit länger an, als einem lieb ist. Die eigene Leistungsfähigkeit ist reduziert, man fühlt sich innerlich blockiert.

In solchen Situationen ist es gut, wenn man auf innere Kraftquellen zugreifen kann. Auf Mut und Geschick beispielsweise, um eine Situation mit jemandem zu bereinigen. Ist dies nicht möglich, kann man vielleicht auf die eigene Fähigkeit und Motivation zugreifen, sich selbst von dieser Situation wegzulenken, indem man sich auf eine andere Ressource konzentriert und diese auslebt.

Jeder Mensch hat innere Kraftquellen. Das kann ein kreatives Hobby sein, die Arbeit, Freunde, Familie, Talente oder ein Ehrenamt. Kraft und Motivation bekommen wir einerseits durch uns selbst, durch das, was wir in uns aktivieren können. Andererseits können äußere Einflüsse Kraft schenken, etwa der Halt durch Freunde oder auch schon durch einen geregelten Tagesablauf.

Sind Sie sich Ihrer Kraftquellen bewusst? Vielleicht gönnen Sie sich zwischendurch einmal, Ihr Loslass-Thema mit Humor anzugehen, das nimmt dem Ganzen für eine Weile die Schwere und den Druck. Vielleicht wagen Sie es auch, Ihr Loslass-Thema kreativ anzugehen und sich in Ihrer Situation zu zeichnen. Je mehr unserer Fähigkeiten wir entfalten, desto mehr vom gesamten Lebensspektrum werden wir uns erschließen können. Der Loslass-Prozess ist eine Zeit, die uns Kraft kostet. Daher ist es ganz besonders wichtig, beim Loslassen immer wieder aus guten Kraftquellen Stärke und Motivation zu gewinnen.

Dies können zum Beispiel Kraftquellen sein:

* Persönliche Stärken wie Entschlossenheit, Entscheidungsfreude, Humor
* Positive Situationen und Tätigkeiten wie Lachen, Malen, Zeichnen, Töpfern, Skulpturen herstellen
* Schöne Erinnerungen, etwa durch Urlaubsfotos aktiviert
* Sportliche Aktivitäten wie Laufen oder Schwimmen
* Hobbys wie Musikhören, Musizieren, Puzzeln, Modellbau, Kochen, Backen
* Der Kontakt zu Freunden, Bekannten, Verwandten
* Die Natur bewusst wahrzunehmen oder Ruhe zu finden durch Autogenes Training, Meditation und Achtsamkeit

Tipp 5: Eine Vertrauensperson mit einbeziehen

Sicher ist es wichtig, sich Gedanken über sich selbst zu machen. Das stille Reflektieren führt allerdings in der Regel zu nur einer einzigen Sichtweise. Holen Sie sich deshalb Rückmeldungen von Menschen, denen Sie vertrauen und die Ihnen im Veränderungsgeschehen hilfreich sein können.

Wenn Freundinnen oder Verwandte jedoch meinen, sie wüssten schon, wie das alles besser laufen könnte, welche Entscheidungen als nächste zu treffen und welche Schritte als nächste zu gehen sind, steht das dem eigenen Wachstumsprozess häufig im Weg. Für andere Menschen ist es manchmal schwierig, von ihrer eigenen Situation und ihren eigenen Erfahrungen abzusehen, um sich ganz dem anderen in dessen Lebenszusammenhang zuzuwenden und seine eigene Entscheidungen zuzubilligen. Wenn Sie das Gefühl haben, in den Gesprächen, in denen es um Sie gehen soll, geht es möglicherweise um die Erfahrungen des anderen, lassen Sie dies Ihren Gesprächspartner wissen. Vielleicht indem Sie sagen: „Ich würde mich freuen, wenn Du einmal versuchst, Dich in meine Lage zu versetzen und die Sache mit meinen Augen zu betrachten.“ Oder: „Heute brauche ich Dich einfach einmal als eine Freundin, die zuhört." Wer Beschuldigungen ausspricht, sich selbst profiliert oder überhebliche Ratschläge gibt, ist als Rückmeldeperson nicht geeignet.

Auch ein Berater, ein Coach oder ein Psychotherapeut kann eine Vertrauensperson werden, mit der Sie Ihren Loslass-Prozess angehen können. Sie müssen nicht immer alles allein schaffen!

Wer könnte Ihre Vertrauensperson für die Begleitung auf Ihrem Glücksweg werden?

Tipp 6: Immer auch mit dem „Nicht-Planbaren" rechnen

Auf dem Weg ins Glück gehen Sie einen Schritt nach dem anderen, Sie folgen einem Plan. Bei jedem Gedanken, bei jeder Frage und bei jeder Übung gilt es, eine Entscheidung zu treffen: Lasse ich mich darauf ein oder eben nicht? Planen Sie Ziele und Wege ein, die realistisch sind. Zu hohe Erwartungen führen schnell zu Enttäuschungen, die das Weitergehen auf dem Weg der Veränderung erschweren. In der Regel planen wir und gehen davon aus, dass wir die wesentlichen Tatsachen erfasst haben und uns darauf aufbauend unsere Zukunftsszenarien ausdenken können. Doch die beste Kontrolle hilft nichts, wenn wir die Dinge vielleicht gleich zu Anfang falsch eingeschätzt haben oder uns einfach doch etwas Unvorhergesehenes dazwischen kommt. Kalkulieren Sie also lieber gleich von Anfang an ein, dass die Dinge manchmal anders sind, als sie scheinen, und dass Sie jederzeit auch mal etwas Unvorhersehbares vom Weg abbringen kann. Fragen Sie sich also schon beim Planen: Gibt es etwas, das mich von meinem Weg abbringen könnte? Was könnte das sein? Was habe ich dem entgegenzusetzen?

Um überhaupt ans Ziel gelangen zu können, muss man vielleicht irgendwann auch eine Pause einlegen, sich neu orientieren, vielleicht vom alten Plan abweichen, einen Umweg in Kauf nehmen oder sogar ein neues Ziel finden. Wer aber nichts tut, entscheidet sich dafür, in der Hilflosigkeit stecken zu bleiben.

Eine falsche Entscheidung zeigt sich erst im Nachhinein, doch ebenso wie nach einem unvorhergesehenen Ereignis gilt es, sich von der Enttäuschung zu erholen und seinen Weg weiter zu gehen. Trotz plötzlich einsetzender Dunkelheit, trotz Sturm und Regen, trotz Kälte und dichtem Nebel immer wieder die Zielrichtung einzuschlagen, das führt zum Glücks-Erfolg.

Tipp 7: Verbindlich sein

Die aktive Arbeit an einem Loslass-Prozess erfordert Verbindlichkeit, Disziplin und Durchhaltevermögen. Oft finden wir Ausreden dafür, warum wir plötzlich etwas schleifen lassen, an das wir mit Motivation und Begeisterung herangegangen sind. Verschieben Sie die Dinge nicht auf später, wenn Sie sie eigentlich abarbeiten wollen. Manchmal muss man mehrere Anläufe nehmen, um ein Thema tatsächlich anzugehen.

Wichtig ist auch: Jeder gute Vorsatz geht trotz guten Willens im Alltagsgeschehen unter, wenn nicht neue Gewohnheiten ausgebildet und eingeübt werden. Würdigen Sie tagtäglich die kleinen und großen Erfolge auf Ihrem Weg. Erfreuen Sie sich daran, dass Sie Ihren inneren Wachstumsprozess mobilisiert haben und sich der Einsatz Ihrer Kraft lohnt. Das ist nicht selbstverständlich, denn nach jedem kleinen Durchbruch kommt noch einmal die Probe durch die nächste ähnliche Situation. Hören Sie zu schnell auf, sich zu reflektieren und neue Gewohnheiten einzuüben, schleichen sich unsere alten gewohnten Muster wieder ein. Diese altbekannten Verhaltensmuster beizubehalten, ist nicht so energieraubend für uns wie das Veränderungsgeschehen. Es braucht nur eine schwierige neue Situation, manchmal reicht auch schon ein Anstoß und wieder landen wir in den bekannten Mustern.

Durch die Würdigung der kleinen Erfolge erkennen Sie Ihre neuen Veränderungen positiv an. Es hilft, sich immer wieder bewusst zu machen, wie sehr man selbst zu diesen Erfolgen beigetragen hat: Offenbar haben Sie etwas gelernt, Sie haben gelernt, erfolgreich zu sein. Gestehen Sie sich das auch zu!

Durch ständiges Wiederholen spielen sich neue Gewohnheiten ein. Wir sollten uns selbst dafür loben, bis sie uns keine Kraft mehr kosten sondern ganz „normal" geworden sind. Vergessen Sie nicht, sich für Ihre Mühen zu belohnen.

Tipp 8: Ein Veränderungstagebuch führen

Mit einer Dokumentation des Veränderungsgeschehens setzt man einen konzentrierten Fokus auf den Wandel. Ein Veränderungstagebuch ist eine wunderbare Methode, den Verlauf des Loslassens strukturiert festzuhalten. Ihre Ideen, die Übungen aus diesem Buch, Ihre Gedanken zum Thema, alles was gut funktioniert und auch all das, was Ihnen nicht hilft, können Sie darin festhalten. Beginnen Sie also gleich zu Anfang, ein solches Tagebuch zu schreiben.

Vieles von dem, was uns Tag für Tag beschäftigt, gerät schnell wieder in Vergessenheit. Was wir uns ausdenken, verflüchtigt sich oft sehr rasch wieder. Wir wissen dann im Nachhinein nicht mehr genau, wie etwas funktioniert hat und warum. Unsere Ideen, Gedanken und Verhaltensstrategien sind uns nicht mehr zugänglich. Ein Veränderungstagebuch hält all dies fest. Schon lange weiß man, dass wir besser lernen, wenn wir dabei möglichst viele verschiedene Sinneskanäle aktivieren.

Sie können das Veränderungstagebuch als richtiges Buch führen, aber auch eine Loseblattsammlung anlegen oder eine Computerdatei einrichten. Wichtig ist einfach, dass geschrieben wird, Wer seine Loslass-Strategien schriftlich festhält, hat immer wieder die Möglichkeit, nachzublättern, sein Vorgehen nochmals abzurufen und sich leichter zu erinnern.

Tipp 9: Bilder, Musik und mehr: positive Kräfte nutzen

Unsere Fantasie ist ein großes Geschenk. Mit den Möglichkeiten der Fantasie erschaffen wir innere Realitäten, entwerfen neue Ideen, mutige Gedanken und wunderbare Vorstellungsbilder. Mit Hilfe unserer Vorstellungskraft können wir uns selbst neue Kraftquellen erschließen und auf diese Weise immer wieder eine gute, bereichernde Gefühlsebene herstellen.

Entspannungsverfahren wie Autogenes Training, Meditation oder Selbsthypnose haben tatsächlich messbare körperliche Effekte. Wir können uns durch Vorstellungen in ganz bestimmte Zustände versetzen. Denken Sie nur einmal an ein Lied, das Sie traurig oder froh stimmen kann. Nach einer Phase regnerischer Tage freuen wir uns, wenn endlich wieder die Sonne scheint. Die Erinnerung an den letzten Strandurlaub bringt einen Hauch Entspannung.

Sie sind kein Spielball Ihrer Gefühlszustände, sondern haben Einfluss auf sie. Angenehme Gefühle lassen sich in einem gewissen Rahmen bewusst herstellen, durch Vorstellungsbilder beispielsweise, durch angenehme Musik, durch Körperempfinden. Probieren Sie einfach aus, was Ihnen gut tut.

* Überlegen Sie einmal, welche inneren Bilder einen besonders guten Zustand von Leichtigkeit, Entschlossenheit oder Tatkraft auslösen: Mit der Erinnerung an welche Orte verbinden Sie wohltuende Gefühle? Vielleicht mit der Erinnerung an eine Urlaubsinsel – mit Ihrem Garten? Mit der Vorstellung von einem Sonnenblumenfeld?
* Auch Klänge können uns tief berühren. Manchmal können wir durch die Musik etwas nach außen tragen, was wir anders nicht ausdrücken können. So manch einer kann bei einer berührenden Musik den Tränen freien Lauf lassen.
  Beim Hören von Musik können wir uns abreagieren, Wildheit und Unmut können sich durch lautes Singen und Tanzen einen Weg nach außen bahnen. Es ist aber auch ganz leicht, mit sanften Klängen zur Ruhe zu kommen. Dadurch erschaffen wir uns einen Raum, in dem wir uns geborgen fühlen, in dem wir Harmonie und Leichtigkeit erfahren.
* Üben Sie sich immer wieder darin, angenehme Gefühle aktiv zu erzeugen!

Tipp 10: Sich selbst immer wieder einen Ausweg aufzeigen

Wenn einmal etwas nicht so richtig funktioniert, werten Sie sich nicht ab, schimpfen Sie nicht auf sich selbst. Erinnern Sie sich einfach immer wieder daran, wie viel Kraft und Energie Sie einsparen, wenn Sie Ihre Sache abgearbeitet haben.

Nichts braucht Ihnen auf Anhieb zu gelingen, trauen Sie sich immer wieder einen Versuch zu! Vielleicht wächst Ihr Mut zur Veränderung dann langsam, aber stetig mit jedem Mal, bei dem Sie einen neuen Veränderungsversuch angehen.

Vielleicht schaffen Sie sich das nächste Mal dann andere Rahmenbedingungen oder Sie starten mit einem einfacheren Loslass-Thema. Auf diese Art bleiben Sie dabei, und Sie können Ihren Weg gehen, um Ihre Themen abzuarbeiten. Das übt Ihre Fähigkeiten, bringt Ihnen Freiraum für mehr Lebensfreude und ebnet Ihnen den Weg für Ihr nächstes Loslass-Thema.

Falls Sie den Eindruck haben, dass es gar nicht weitergeht, stellen Sie sich gezielte Fragen, zum Beispiel:

* Wie genau mache ich es, dass es nicht funktioniert?
* Wie hindere ich mich selbst an einem Erfolgserleben?
* Wo mache ich mir vielleicht zu viel Druck?
* Was könnten die Ursachen sein?
* Sind meine Erwartungen zu hoch?
* Was könnte ich tun, damit es klappt?
* Wie würde ich mir mein Vorgehen erleichtern?
* Wichtig ist in jedem Fall die Frage: Was lerne ich für die Zukunft daraus?

Es ist auch völlig in Ordnung, sich gegen das Weiterarbeiten zu entscheiden, wenn es Ihnen irgendwann zu schwierig wird. Scheuen Sie sich nicht, sich an einer solchen Stelle professionelle Hilfe zu suchen. Loszulassen und glücklich zu werden beschäftigt viele Menschen auf die unterschiedlichsten Weisen.

Ritualarbeit: Zwei Kisten

Wozu dieses Ritual dient und wie es wirkt:
Sie machen sich den Beginn Ihrer Veränderung deutlich und schaffen sich im Hier und Jetzt eine Verbindung zwischen Vergangenem und Zukünftigem: weg von den Altlasten – hin zu glücklicheren Zeiten. Die Glückskiste motiviert Sie von nun an, sich ganz bewusst den glücklichen Momenten des Lebens zuzuwenden.

So wird's gemacht:

* Sie benötigen zwei Kisten oder Kartons: eine Altlastenkiste und eine Glückskiste.
* In der Altlastenkiste sammeln Sie all die Dinge, die mit Ihrem Festhalte-Thema zu tun haben. Das kann ein Foto von einem Menschen sein, den Sie loslassen möchten oder Ihre letzte Packung Zigaretten. Sie können auch Zettel in die Kiste legen, auf denen all das steht, was Sie loswerden wollen. Dann verschließen Sie die Kiste, indem Sie zum Beispiel einen Deckel darauflegen. Wann immer Sie etwas dazulegen möchten, können Sie das tun. Behalten Sie die Altlastenkiste, solange Sie diese benötigen. Sie wird in einem späteren Ritual noch einmal vorkommen.
* In der Glückskiste sammeln Sie alle kleinen Dinge, die Sie mit guten Erinnerungen verbinden. Etwas Sand aus dem Sommerurlaub oder Ihre Lieblingsfotos, einen Stein oder ein vierblättriges Kleeblatt, ein Gedicht über das Glück oder auch Ihr Glückssymbol. Auch die Knospe eines Wandelröschens könnte in die Kiste, wenn es Ihre Veränderung symbolisiert. Diese Kiste bleibt offen.
* Schauen Sie in die Glückskiste, wann immer Sie gute Gefühle spüren wollen, immer wenn Sie Kraft und Motivation für die Metamorphose zum Glück benötigen.
* Wenn Sie mögen, sehen Sie sich ruhig auch hin und wieder den Inhalt der Altlastenkiste an, aber schließen Sie in jedem Fall danach wieder den Deckel. Zum Schluss sollte Ihr Blick immer auf der Glückskiste ruhen.

Der zweite Schritt: Sich einlassen und eigene Ressourcen aktivieren

Die Verarbeitung des Vergangenen und die Fähigkeit, wieder Glück zu empfinden, sind von Mensch zu Mensch sehr unterschiedlich. Um sich nach Schicksalsschlägen wieder aufzurappeln und das Glück erneut zulassen zu können, muss man innere Fähigkeiten aktivieren, wie Motivation und Handlungsbereitschaft.

Die Vorstellungskraft ist der Anfang der Schöpfung. Man stellt sich vor, was man will; man will, was man sich vorstellt; und am Ende erschafft man, was man will. GEORGE BERNARD SHAW

Der zweite Schritt im Überblick

Im zweiten Schritt geht es nun darum, die eigenen Loslass-Fähigkeiten zu entfalten, um sich auf das eigentliche Thema gut vorbereitet einzulassen. Damit dies gelingt, rufen Sie sich all Ihre Ressourcen ins Gedächtnis, die Ihnen dabei helfen können, auf Ihrem Weg ins Glück bis zum Ziel durchzuhalten. Diese Fähigkeiten sind in jedem Menschen anders ausgebildet. Sie sind abhängig von bisherigen Erfahrungen, von bisherigem Erleben, von Einstellungen und den Zugriffsmöglichkeiten auf seelische Ressourcen.
Sie üben, Ihre Gedanken zur Ruhe kommen zu lassen und hinderlichen Gedanken positive entgegenzustellen. Sie experimentieren mit Perspektivwechseln und können selbst überprüfen, ob Sie sich im Loslass-Fortschritt oder im Loslass-Stillstand befinden.

Visualisierung: Verbindungen lösen

Versenken Sie sich einen Augenblick lang in sich selbst.

Lassen Sie all das vor Ihrem inneren Auge erscheinen, was Sie ablegen wollen, alles, wovon Sie sich entfernen möchten: Eigenschaften, Menschen, Gefühle: alles, wovon Sie sich lösen wollen.

Geben Sie jedem Festhalte-Thema, das in Ihnen auftaucht, eine ganz bestimmte Gestalt und eine eigene Farbe.

Und nun stellen Sie sich einmal vor, dass Sie mit all diesen Festhalte-Gestalten durch ein Seil verbunden sind. Jedes Seil, das Sie in den Händen halten, führt jeweils zu einer Ihrer Festhaltegestalten.

Manche dieser Festhaltegestalten ziehen und zerren an den Seilen, so dass Sie die Seile immer fester halten müssen.

Je mehr die Festhalte-Gestalten in verschiedene Richtungen ziehen, umso mehr stehen die Seile unter Spannung. Es ist fast wie ein Tauziehen. Sie müssen sich schon sehr anstrengen, um all diese Gestalten zu bändigen. Sie müssen die Seile sehr fest halten, um die Kontrolle zu behalten. Ihre Hände schmerzen schon davon. Und Sie müssen sich wirklich sehr konzentrieren, damit Sie das Gleichgewicht nicht verlieren.

Wie entlastend ist es doch, die Anspannung der Hände ganz plötzlich zu lösen und die Seile fallen zu lassen!

Der Kampf wird durch die Entscheidung zur Freiheit beendet. Mit dieser Atempause spüren Sie sofort eine große Erleichterung, selbst wenn Sie das, was mit dem anderen Ende des Seils verbunden war, gern behalten hätten.

Ein solches Gefühl von neu gewonnener Freiheit wird sicher eine Zeit lang für eine positive, schöne Grundstimmung in Ihrem Leben sorgen.

Diese intensive Annäherung ist nötig, um Abstand zu gewinnen. Das mag paradox klingen, doch das Loslassen ist oft damit verbunden, sich vorher intensiv auf ein bestimmtes Thema einzulassen.

Entdecken Sie sich selbst

Sich auf den Weg ins Glück zu machen, bedeutet gleichzeitig, sich auf Entdeckungen über sich selbst einzulassen, die Sonnenseiten der eigenen Persönlichkeit ebenso zu entdecken wie die Schattenseiten des Selbst. Diese verschiedenen Facetten können eine Bereicherung sein, die uns sowohl faszinieren als auch ängstigen.

Wenn das Loslassen gelingt, kommt man immer mehr in Bewegung, kommt immer weiter weg von einem isolierten, starren und stagnierenden Erleben – hin zu einer Lebenssituation in der man zunehmend Neues zulassen kann.

Der Prozess des Loslassens verläuft dabei jedoch nicht immer linear von einer Phase zur nächsten. Er vollzieht sich übergreifend, manchmal auch sprunghaft. Zeiten des Stillstands wechseln sich mit Zeiten rasanter Entwicklung ab. Manchmal gibt es Rückschläge, die einen für eine gewisse Zeit einen Schritt zurück versetzen können. Doch alles, was Sie

AFFIRMATION:
Die Affirmation für den zweiten Schritt

Mehr zu Affirmationen lesen Sie auf Seite 20 und ab Seite 182. Kurz gesagt, ist eine Affirmation ein hilfreicher Satz, der Sie dabei unterstützen soll, ein bestimmtes Ziel zu erreichen. Tun Sie jetzt bitte so, als hätten Sie die Glücksmetamorphose bereits durchlaufen – und finden Sie einen passenden Satz dazu, vielleicht: „Mir geht es gut und ich genieße mein Leben.“ Oder: „Ich habe losgelassen und fühle mich jetzt gut.“

ab dem Moment der Entscheidung angegangen sind, führt letztendlich zu mehr Lebensqualität. Verwirrung, Chaos und Aufregung, die beim Loslassen entstehen, werden zugleich zum Ausgangspunkt für neue Chancen, das eigene Glück in den verschiedensten Facetten zu finden.

Wie gehen Sie mit Veränderungen um?

Im Laufe des Lebens entwickeln Menschen ein erstaunliches Festhaltevermögen. Was wir einmal besitzen, geben wir nicht gern wieder her, selbst wenn es uns nicht gut tut. Wir sind Meister im Beharren und im Verharren in erlernten Verhaltensmustern.

Beginnt eine Situation zu entgleiten, gibt es sehr unterschiedliche Vorgehensweisen: Manche Menschen steuern nach einer Analyse der Situation zielgerichtet auf die Lösung des Problems zu und kommen auch tatsächlich dort an, wo sie hin wollten. Andere überlegen sehr lange und sehr detailliert, wie eine Veränderung aussehen sollte, bis sie sich auf den Weg machen. Wieder andere holen sich Rat von Freunden, Eltern, Bekannten oder Experten und sind anschließend von der Fülle der unterschiedlichen Meinungen so überfordert, dass sie gar nicht mehr wissen, was sie selbst eigentlich wollen. Und bei manchen kommt es zu einer Art „Totstellreflex“: In der Hoffnung auf bessere Zeiten tun sie einfach so, als ob gar nichts sei, und warten darauf, dass alles wieder so wird wie zuvor.

Katja: Den Weg aus der Sackgasse finden

Seit beinahe zwei Jahren arbeitet Katja nun als Lehrerin im Schuldienst und ist eigentlich am Ziel ihrer beruflichen Wünsche angekommen. Genießen kann sie ihren Erfolg jedoch nicht. „In einem System, das so etwas zulässt, will ich eigentlich gar nicht arbeiten“ (siehe Seite 19). Außerdem ist sie von Selbstzweifeln geplagt – vielleicht ist sie ja wirklich eine schlechte Lehrerin? Katja ist übervorsichtig im Kontakt zu den Kollegen: „Ich muss aufpassen, dass ich keine Kollegen kritisiere, denn vielleicht rächt sich jemand dafür.“

Viele Menschen halten sich selbst in ihrer Vergangenheit gefangen. Im Festhalte-Geschehen sind wir häufig so sehr mit uns selbst beschäftigt, dass wir uns einfach nur im Kreis drehen. Wir handeln dann oft immer wieder so, wie wir es gewohnt sind und lassen andere Möglichkeiten erst gar nicht zu. Einem Außenstehenden erscheinen unsere Lösungsversuche deshalb häufig wie ein dauerndes Rennen gegen eine Wand. Und tatsächlich bekommen wir oft lieber Kopfweh, als uns nur einmal in eine andere Perspektive zu versetzen, um dadurch eine veränderte Sicht auf die Lage zu gewinnen und so neue Handlungsmöglichkeiten gelten zu lassen.

In einer solchen Situation fühlt man sich so ähnlich, als wäre man jahrein jahraus denselben Weg nach Hause gefahren - und ganz plötzlich ist die bekannte Strecke gesperrt. Es braucht Zeit, sich umzugewöhnen. Einige Male wird man sich erst am Hindernis selbst erinnern, dass man einen anderen Weg hätten nehmen müssen. Ähnlich ist es mit unserem Denken, Fühlen und Handeln: Wir laufen so lange immer wieder vor dieselben Hindernisse, bis wir uns an einen neuen Weg gewöhnt haben.

CHECKLISTE: Nimmt irgendetwas zu viel Raum in Ihrem Leben ein?

Treffen folgende Aussagen auf Sie zu? Dies kann ein Hinweis darauf sein, dass Sie etwas oder jemandem zu viel Bedeutung beimessen:

* Die Beschäftigung mit einem Thema benötigt zu viel Zeit.
* Es schwingen Gefühle mit, die Sie nicht einordnen können.
* Sie fühlen sich als Opfer der Situation.
* Es scheint nicht viele Handlungsmöglichkeiten zu geben.
* Sie sind schnell und oft genervt, gereizt, wütend oder traurig.
* Ein bestimmtes Thema hat Vorrang vor allem anderen und macht Ihnen zu viel Druck.
* Sie machen Ihre Befindlichkeit davon abhängig.
* Die Sache beeinflusst Ihr Selbstwertgefühl.

PROTOKOLL ZUR SELBSTREFLEKTION:
Vor- und Nachteile beim Loslassen und Festhalten

A) Geben Sie Ihrem aktuellen Festhalte-Thema einen Namen.

Mein Thema heißt:

___

Was ich davon loslassen will, ist:

___

B) Lassen Sie sich jetzt bitte auf ein Brainstorming ein. Überlegen Sie sich, welche Vorteile es hätte, Ihr Thema loszulassen – und welche Nachteile sich daraus ergeben könnten. Welche Vorteile hätte es, alles so zu belassen, wie es ist – und welche Nachteile hätten Sie davon, wenn Sie weiter festhalten? Tragen Sie in Ihr Buch oder in eine Kopie dieser Übersicht alles ein, was Ihnen dazu einfällt:

	Mein Festhalte-Thema bleibt bestehen	Ich lasse mein Festhalte-Thema los
Mein Vorteile		
Meine Nachteile		

C) Anschließend sehen Sie sich Ihre Auflistung einmal insgesamt an. Wägen Sie bitte für sich ab, welche Vor- oder Nachteile für Sie selbst wirklich wichtig sind. Bewerten Sie dann, was für Sie überwiegt: Lohnt sich das Loslassen, oder ist es Ihnen zu aufwändig?

Was hält uns fest?

Alles könnte so einfach sein. Und doch handeln wir oft nicht so, wie es uns gut tut. Das Loslassen birgt sowohl Vor- als auch Nachteile. Diese einander gegenüberzustellen kann helfen, eine Entscheidung für oder gegen das Loslassen zu fällen. Dazu einige Beispiele:

* Ein Vorteil, alles so zu lassen, wie es ist, liegt darin, mich nicht mit mir selbst beschäftigen zu müssen.
* Der Nachteil am Festhalten ist, dass mein Kopf dauernd um dieses Thema kreist und ich mich nicht gut dabei fühle.
* Mein Vorteil beim Abnehmen liegt darin, dass ich mir wieder schöne Sachen kaufen kann, mich viel besser fühle und auch wieder an sportlichen Aktionen mit anderen Menschen teilnehmen kann. Darauf freue ich mich.
* Der Nachteil beim Kündigen meines Jobs: Ich habe Angst vor dem, was dann kommt. In der nächsten Firma könnte es ja auch noch schlimmer werden.
* Der Vorteil beim Ärgern über meinen Nachbarn ist, dass ich mich nicht mit ihm auseinandersetzen muss, denn dann habe ich die Befürchtung, die Fassung zu verlieren.

Manchmal ist die Zeit für einen Veränderungsansatz noch nicht die richtige oder es müssen erst die Umstände verbessert werden. Zudem kreisen viele Menschen viel mehr um die Ursache ihrer Situation als um die Lösung! Sie fragen immer wieder nach dem WARUM, anstatt sich damit auseinander zu setzen, WIE sie eine Veränderung bewirken können. Es ist ein Trugschluss, zu glauben, mit der möglichen Ursache einer Thematik die Lösung gefunden zu haben.

Brigitte: Keine Zeit für sich selbst

Brigitte übernimmt stets zu viele Aufgaben, beklagt sich aber dann gleichzeitig über ihre Situation. An diesem Verhalten hält sie fest, weil sie gebraucht werden möchte, weil sie Anerkennung bekommen will, weil sie Schwierigkeiten hat, NEIN zu sagen und weil sie sich vor der inneren Leere fürchtet, die entsteht, wenn sie nichts zu tun hat.

In der Arbeit mit Klientinnen und Klienten erlebe ich immer wieder, dass es Menschen wichtig ist, eine Erklärung, eine Ursache dafür zu finden, weshalb sie an einem bestimmten Punkt im Leben angekommen sind. Dieser Aspekt ist wichtig: Mit der Einsicht, warum wir geworden sind, wie wir sind, gibt es eine Erklärung für den eigenen Entwicklungsprozess. Ein neues Verständnis für sich selbst kann entstehen. Mit einer solchen Erklärung können wir wohlwollender mit uns umgehen. Falls auch Sie eine Antwort auf die Frage finden möchten, warum Sie an etwas festhalten, machen Sie sich die Gründe bewusst, die Sie in Ihrem Festhalte-Verhalten steuern. Warum halten Sie fest, wenn Sie lieber loslassen würden?

Fragen wie die folgenden könnten dabei hilfreich sein:

* Warum sagen Sie so oft JA, obwohl Sie NEIN sagen möchten?
* Warum essen Sie zu viel, obwohl Sie sich lieber bremsen würden?
* Welche Gründe gibt es dafür, dass Sie rauchen, obwohl sie lieber aufhören würden?
* Warum halten Sie an Menschen fest, die Ihnen nur auf die Nerven fallen?
* Warum wechseln Sie nicht den Job, wenn Sie so unzufrieden damit sind?
* Warum haben Sie immer so viel Druck, wenn Sie das Leben doch eigentlich entspannter angehen wollen?

Formulieren Sie deshalb Ihr eigenes „Warum“ in Bezug auf Ihr Festhalte-Thema:

* Warum

____

Vielleicht können Sie Ihre Frage jetzt schon beantworten, vielleicht erst später. Versuchen Sie dabei, die Motive für Ihren Festhalte-Zustand zu ergründen. Der Grund dafür: Sich selbst erklären zu können, warum etwas so ist, wie es ist, erleichtert manchmal schon die Last, die man zu tragen hat – und ebnet den weiteren Weg zur Veränderung.

Mögliche Erklärungen für das Festhalten

Wenn Menschen im Laufe ihres Lebens immer wieder erleben, dass sie einer Situation ausgeliefert sind, weil sie diese nicht beeinflussen können, kann das Gefühl entstehen, dem Schicksal hilflos ausgeliefert zu sein. Als Kinder machen wir solche Erfahrungen häufiger. So kann ein Kind, das das Abendessen verpasst hat und zur Strafe ohne Essen ins Bett muss, in der Regel wirklich nichts tun, um seinen Hunger zu stillen. Auch ein Kind, das Schläge bekommt, im Keller eingesperrt oder über einen längeren Zeitraum vernachlässigt wird, kann meist nichts tun, um sich zu helfen. So kann man schließlich die grundsätzliche Überzeugung entwickeln, keinen Einfluss auf Situationen zu haben. Der amerikanische Psychologe Martin Seligmann prägte dafür den Begriff „erlernte Hilflosigkeit“. Manch einer nimmt eine solche Lebenshaltung mit ins Erwachsenenalter, indem diese Erfahrung noch immer Wahrnehmen, Denken, Fühlen und Handeln beeinflussen.

In der Psychologie, speziell in der Bindungsforschung, hat man erkannt, dass ein Mensch als Erwachsener in der Regel widerstandsfähig gegen die Widrigkeiten des Lebens ist, wenn er in seiner frühen Kindheit Sicherheit, Beständigkeit, positive Zuwendung und die Akzeptanz eigener Bedürfnisse in seinen Beziehungen erfahren hat. Er kann sich nach Krisen wieder aufrichten und dem Leben die positiven Seiten abgewinnen. Neuem gegenüber zeigt er sich aufgeschlossen und kann sein Verhalten flexibel an die Umstände anpassen. Von Menschen, die sich nach schweren Zeiten wieder aufrichten, können wir viel lernen!

Wie es zum Gefühl der Hilflosigkeit kommen kann

Wer im Leben dauernd das Gefühl hat, Veränderung zu wollen, aber nicht zu können, leidet wahrscheinlich an einer erlernten Hilflosigkeit. Auch Erwachsene können durch körperliche oder seelische Übergriffe, Bedrohungssituationen, Flucht und Vertreibung oder andere belas-

Selbst Verantwortung übernehmen

Die Gründe dafür, wie wir geworden sind, wie wir sind, können uns helfen, zu verstehen und Belastendes zu verarbeiten und schließlich loszulassen. Sie entbinden uns nicht aus der Selbstverantwortung.

Heute sind wir Erwachsene und können aus der Erwachsenenposition ganz aktiv den Veränderungsprozess steuern beziehungsweise lernen, ihn zu steuern.

Das ganze Leben hindurch können wir uns durch neue Beziehungserfahrungen weiter entwickeln.

Was auch immer wir früher erlebt haben: Es bringt uns nicht weiter, darin zu verharren. Nehmen Sie immer wieder einen Anlauf in bessere Zeiten, bis Sie den richtigen Weg für sich gefunden haben.

tende Lebensereignisse eine überwältigende Hilflosigkeit erleben. Schwer Erkrankten ergeht es in der Anfangsphase ihrer Krankheit häufig ähnlich. Sie fühlen sich der Erkrankung, Ärzten und Pflegepersonal ausgeliefert. Manche Menschen entwickeln sich auch nicht weiter und überlassen Entscheidungen und Aktivität lieber anderen. Auch beim Loslassen ist dann die vorrangige Einstellung: „Ich will ja, aber ich kann doch nicht." Wer eine solche Grundeinstellung verinnerlicht hat, wartet häufig darauf, dass sich Schwierigkeiten von selbst in Luft auflösen, dass vielleicht doch noch ein Wunder geschieht und alles wieder so wird wie früher. Überzeugungen wie die folgenden kommen auf: „Was ich anfasse, geht daneben." Oder: „Ich pack das sowieso nicht."

Sobald Ihnen solche Sätze durch den Kopf schwirren, greifen Sie zu Ihrem Veränderungstagebuch und schauen auf Ihre hilfreichen Affirmationen! Anschließend schreiben Sie noch dazu: Was habe ich in meinem Leben bisher erreicht? Lassen Sie sich dabei ruhig von Ihrer Vertrauensperson helfen!

PROTOKOLL ZUR SELBSTREFLEKTION:
Lassen Sie sich auf den Loslass-Prozess ein

Bitte beantworten Sie die nachfolgenden Fragen der Reihenfolge nach. Was stimmt eher:

A) Meinem Loslass-Thema gegenüber fühle ich mich derzeit gut gewappnet, weil ich ganz aktiv und überlegt einen Schritt nach dem anderen gehe. Was ich dafür tue, ist:

Oder:

B) Meinem Loslass-Thema gegenüber fühle ich mich derzeit noch hilflos, weil:

Fragen Sie sich jetzt bitte: Was haben Sie bisher getan, um Ihr Festhalte-Thema anzugehen und um das damit zusammenhängende Problem zu lösen?

Welche Ihrer Lösungsstrategien war bisher erfolgreich und welche weniger?

Nicht erfolgreich war ich damit, dass ich ...

Erfolgreich war ich damit, dass ich ...

ÜBUNG:
Die Gedanken kommen zur Ruhe

Ziel der Übung:
Soforthilfemaßnahme gegen ungute Gedankenspiralen. Mehr dazu finden Sie am Ende des Buches in der Werkzeugkiste (ab Seite 182).

So wird's gemacht:
Sobald Sie bemerken, dass Ihre Gedanken sich um Ihr Festhalte-Thema drehen, rufen Sie sich selbst ein lautes: „Stopp!" zu. Das pustet für einen Augenblick das Hirn frei!
Während dieser Gedankenunterbrechung geben Sie sich selbst eine Instruktion, indem Sie sagen: „Ruhe kehrt ein."
Konzentrieren Sie sich dann auf Ihre Atmung und lassen bei jedem Ausatmen mehr Entspannung in Ihrem Körper wirken. Wenn es Ihnen möglich ist, schließen Sie die Augen und stellen sich eine angenehme Aktion in der Zukunft bildhaft vor: die nächste Massage, der nächste Spaziergang durch den Wald, der kommende Urlaub ...
Geben Sie sich nun ein körperliches Zeichen, das genau diese Ruhe symbolisiert. Kennen Sie zum Beispiel das Taucherzeichen für „Alles OK"? Dabei berühren sich Zeigefinger und Daumen und bilden einen Kreis. Ab jetzt bedeutet dieses oder ein anderes Zeichen, das Sie sich wählen: „Stopp! Ich komme jetzt sofort zur Ruhe!"
Damit haben Sie einen positiven Anker gesetzt, der von nun an die unerwünschte Gedankenspirale unterbricht und mit dem Sie sich selbst in die Ruhephase schicken.

Was auch helfen kann:
Die Gedanken immer um die gleiche Sache kreisen zu lassen, braucht eine Menge Energie. Schicken Sie diese fehlgeleitete Energie in eine körperliche Aktion: Sprinten, singen oder tanzen zu feuriger Musik hilft, sich von quälenden Gedanken wegzulenken.

Entfalten Sie Ihre Veränderungsfähigkeiten

Jeder von uns verfügt über Fähigkeiten, die den Veränderungsprozess unterstützen. Bestimmt haben auch Sie einmal an einem neuen Ort nette Kontakte geknüpft, eine Teamkonferenz erfolgreich geleitet, einen schönen Kindergeburtstag oder ein Familienfest ausgerichtet, den Job mit guten Gefühlen gekündigt oder Ähnliches. In solchen Situationen haben Sie Ihre Veränderungsfähigkeiten aktiv und erfolgreich eingesetzt. Diese Fähigkeiten können Sie nun beim Loslassen wieder nutzen. Manche davon sind vielleicht im Laufe der Zeit verschüttet worden und schlummern in Ihnen wie versunkene Schätze auf dem Meeresboden. Daher sind sie auch nicht gleich abrufbar, wenn man sie benötigt. Mit etwas Übung kann man lernen, diese Fähigkeiten auch dann hervorzuzaubern, wenn es einem nicht so gut geht, oder man eine längere Durststrecke überwinden muss.

Sie können sich vervollständigen, all Ihr Potential an die Oberfläche holen und aus Ihren Ressourcen schöpfen. Sie brauchen nicht anders zu werden, als Sie sind, weil Sie genau so in Ordnung sind! Alles, was Sie brauchen, um loszulassen und glücklich zu werden, tragen Sie schon in sich: Ihre Persönlichkeit, Ihr Potential, Ihre Fähigkeiten, Ihre Erfahrungen, Ihren Mut, Ihre Angst, Ihre Kraft, Ihre Fantasie ...

EXPERIMENT:
Kündigen Sie Ihren Grübeleien!

Probieren Sie doch einmal aus, wie es ist, Ihre Selbstzweifel, Sorgen oder Grübeleien auf Zwangsurlaub zu schicken! Sie sind schließlich Chef der Firma! Oder wie wäre es mit der Ankündigung von Kurzarbeit? Selbstzweifel, Sorgen und Grübeleien dürfen nur zwischen 13 Uhr und 13.30 Uhr an ihren Arbeitsplatz. Die Auftragslage ist gerade schlecht!

ÜBUNG:
Veränderungsfähigkeiten entfalten

Denken Sie bitte an Situationen, die Sie in Ihrem Leben bereits erfolgreich gemeistert haben! Wie haben Sie das geschafft? Welche Ihrer Fähigkeiten und Eigenschaften hat Ihnen dabei geholfen?
Waren Sie mutig, entschlussfreudig, offen, durchsetzungsfähig, herzlich, motiviert? Konnten Sie sich durchsetzen, Ihre Meinung vertreten, sich abgrenzen, andere gelten lassen, Gefühle wahrnehmen, sich wehren? Konnten Sie sich vielleicht auch wegträumen, als Sie es gerade gebraucht haben, um abzuschalten und den Kopf frei zu bekommen? Sind Sie mit viel Lebensfreude in die neue Situation gegangen, mit viel Energie, mit Lebenskraft oder Optimismus?

Folgende meiner Fähigkeiten, Talente, Eigenschaften und Möglichkeiten haben mir geholfen:

Situation 1 ______________________________

Situation 2 ______________________________

Situation 3 ______________________________

Situation 4 ______________________________

Welche dieser Eigenschaften oder Talente können Sie in Ihrem aktuellen Veränderungsprozess besonders unterstützen und Ihnen das Loslassen erleichtern? Rufen Sie sich diese ganz bildlich vor Augen, fühlen Sie sich ein, spüren Sie diesen Zustand und üben Sie, sich immer wieder hineinzuversetzen. So können Sie Ihre Veränderungsfähigkeiten nutzbar machen! Vielleicht gibt es auch Menschen, die Sie auf Ihrem Lebensweg unterstützen? Was gibt Ihnen sonst noch im Leben Halt?

Was gibt Ihnen im Leben Sinn?

Je bewusster wir uns unserer Fähigkeiten, Talente und Ressourcen sind, je mehr wir wissen, was uns im Leben Halt und Sinn gibt, umso öfter können wir darauf zurückgreifen. All diese Kraftquellen sind umso besser verfügbar, je häufiger wir sie einüben.

Hilfreiche Gedanken

Im Laufe unserer Entwicklung eignen wir uns innere Haltungen, Einstellungen, Gedankengebäude oder Werturteile an, die sich später auf unser ganzes Lebenssystem auswirken. Einst war es vielleicht sinnvoll, all dies von unseren Eltern oder anderen Bezugspersonen zu übernehmen. Aber im späteren Leben als Erwachsener hemmt uns eine einseitige Lebensphilosophie, blockiert uns darin, Neues zu entwickeln und uns an neue Umstände anzupassen. Das, was wir leben wollen, stimmt oft nicht mit dem überein, was wir tatsächlich leben. Wenn bestimmte Einstellungen das Leben zu sehr dominieren und eigene Bedürfnisse zu kurz kommen, bauen sich innere Spannungen auf. Schier endlos kreisen die Gedanken um das immer gleiche Thema, man kann einfach nicht aufhören, einen negativen Gedanken an den anderen zu reihen.

Wie Brigitte Zeit für sich schafft

Brigitte legt sich für die nächste Zeit einige hilfreiche Gedanken auf einem Begleitkärtchen zurecht, um sich das Loslassen zu erleichtern.
Und dies sind Brigittes Begleitkärtchen:

* Ich habe ein Recht, mich zu verändern!
* Durch ein Nein werde ich nicht zum Egoisten. Das Recht, etwas anzunehmen oder abzulehnen, steht mir genauso zu wie allen anderen Menschen.
* Ich habe auch die Pflicht, gut für mich selbst zu sorgen. Nur wenn ich gut für mich sorge, kann ich für meine Familie ganz da sein.

EXPERIMENT:
Begleitkärtchen

Schreiben Sie sich Ihre neuen, hilfreichen Begleitsätze auf Kärtchen (siehe auch Seite 183), die Sie immer bei sich tragen. Sie können die Begleitkärtchen ins Portemonnaie stecken, wie eine EC-Karte, oder an Ihrem Arbeitsplatz an den Computer heften, in der Küche an den Kühlschrank kleben oder in der Nähe des Handys aufbewahren.

Wenn Sie den Eindruck haben, dass Sie sich selbst durch ungute Gedanken blockieren, sollten Sie diesen etwas gegenüberstellen. Zum Beispiel den Satz: „Ich bin in der Lage, meine Gedanken selbst zu steuern." Dass dies funktioniert, wissen Sie aus eigener Erfahrung: Die Bilder, die wir auf unserer inneren Bühne ablaufen lassen, können wir Kraft unseres Willens erzeugen! Sie können sich den feinen Sandstrand aus dem letzten Urlaub vorstellen oder einen wunderbaren Ort der Ruhe oder andere Bilder, durch die Sie Ihre Gedanken steuern können. Es braucht dazu etwas Anleitung, Konzentration und Ihren Willen.

Dirk und Anja: Der unerfüllte Kinderwunsch

Dirk und Anja probieren seit Jahren alles aus, um ein Kind zu bekommen: von ermüdenden Hormonbehandlungen über die Befruchtung im Reagenzglas bis hin zu homöopathischen Mitteln. Ein Leben ohne Kind kommt für sie nicht in Frage. Neue Hoffnung gibt ihnen ein neues Verfahren im Ausland. Dafür investieren sie alle Ersparnisse und viel Zeit für die aufwändigen Reisen. Bisher jedoch ohne Erfolg.

Was Dirk und Anja noch tun könnten:

* Sie könnten die Idee akzeptieren, kein leibliches Kind zu haben.
* Sie könnten versuchen, Adoptiv- oder Pflegeeltern zu werden.
* Sie könnten darüber nachdenken, warum ein Kind für ihre Beziehung so wichtig ist.

ÜBUNG: *Förderliche Gedanken für den Veränderungsprozess finden*

Das Ziel der Übung:
Tauschen Sie nach und nach blockierende Gedanken gegen hilfreiche Gedanken aus!

So wird's gemacht:
A) *Bitte denken Sie an Ihr Loslass-Thema und sammeln Sie in der nächsten Zeit, welche Gedanken Sie beim Loslassen blockieren. Dies sind all die inneren Sätze, die Ihnen sagen, dass Sie etwas nicht gut genug oder nicht richtig tun, dass Sie etwas nicht verdient haben oder etwas keinen Sinn hat – mit all diesen Gedanken kann man sich nicht gut fühlen. Tragen Sie sie nach und nach in die linke Spalte ein.*

Alter hinderlicher Gedanke für den Loslass-Prozess	Neuer hilfreicher Gedanke für den Loslass-Prozess

B) Anschließend finden Sie zu jedem alten, hinderlichen Gedanken jeweils mindestens einen neuen, hilfreichen Alternativgedanken und schreiben diesen in die zweite Spalte. Dem blockierenden Gedanken: „Wenn ich meine Meinung vertrete, wird mich der andere ablehnen." könnten Sie den neuen hilfreichen Gedanken entgegenstellen: „Meine Meinung zu sagen ist mir wichtig. Ab sofort werde ich es auch akzeptieren, dass mich vielleicht jemand wegen meiner Meinung nicht mag." Damit Ihr neuer Begleitgedanke ins Glück tatsächlich nützlich für Ihre Entwicklung sein kann, probieren Sie ihn aus, indem Sie ihn laut aussprechen und nachspüren, ob er wirklich zu Ihnen passt.

EXPERIMENT:
Den Zeitraffer nutzen

Probieren Sie doch einmal aus, wie es ist, wenn Sie gedanklich Ihr Leben ein Stück weit im Schnelldurchgang vorspulen, bis zu der Stelle, an der Sie glücklich sind. Halten Sie an dieser Stelle an und drücken die Taste für „Standbild".

Bei vielen erfolgreichen Menschen findet man eine sehr positive Einstellung zu dem, was sie im Leben in Angriff nehmen, eine positive Art des Denkens, auch über sich selbst. Wer positive Einstellungen und Überzeugungen zielorientiert einsetzt, nutzt seine emotionalen Ressourcen wunderbar, wie die eigene Motivation, Mut, Zuversicht und innere Freude.

Lisa: Fesselnde Beziehungen

Lisa will ergründen, warum keine ihrer Beziehungen hält: Sowohl ihre frühere beste Freundin als auch ihr Freund fühlten sich zu eng an sie gekettet. Aber warum?
Lisa übt sich im Perspektivwechsel. Dadurch nimmt Lisa nun wahr, dass es schon früh Anzeichen dafür gab, dass sie anderen Menschen Freiraum nimmt.
Lisa erkennt durch den Perspektivwechsel, dass ...
* sie die Menschen um sich herum schnell vereinnahmt,
* sie andere krampfhaft an sich zu binden versucht,
* sie anderen keinen eigenen Freiraum lässt,
* man sich von ihr manchmal durch einen Befreiungsschlag löst,
* sie Hinweise auf eine zu enge Beziehung nun eher erfassen kann.

Lisa ist traurig und wütend auf sich selbst, weil sie nicht versteht, warum sie sich so verhält, ist aber entschlossen, sich zu verändern.

PROTOKOLL ZUR SELBSTREFLEKTION:
Perspektivwechsel - ein neuer Zugang zu einem alten Problem

Erarbeiten Sie sich neue Perspektiven! Lösen Sie sich von Ihrer Situation, indem Sie in die Rolle eines unabhängigen Beobachters schlüpfen und dessen Sichtweise zu Ihrer Festhalte-Problematik aus der Distanz übernehmen. Denn von außen sieht vieles ganz anders aus!

* Fragen Sie sich: Was würde Ihr Partner zu Ihrem Thema sagen? Und was Ihre Freundin, ein Arbeitskollege oder Ihre Schwester?
* Übernehmen Sie nacheinander sehr detailliert die Perspektive der Personen, die Ihnen wichtig sind.

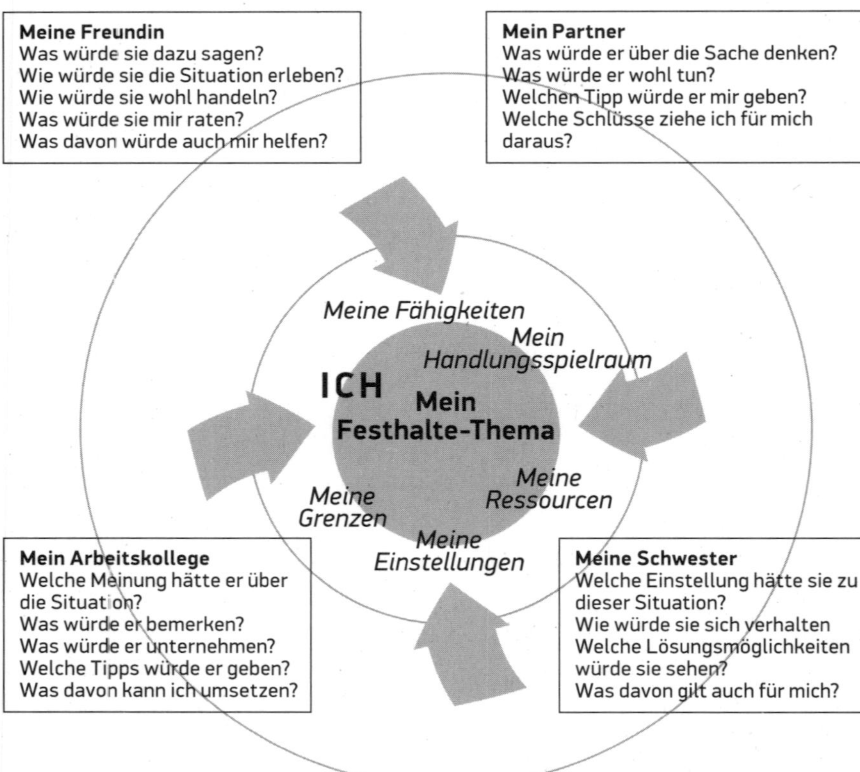

* Sinnvoll ist es auch, die Perspektive einer Person zu übernehmen, die ganz anders denkt, fühlt und handelt als Sie.
* Lassen Sie sich durch mögliche Fragen in der Grafik unten anregen.
* Beobachten Sie sich dabei: Was verändert sich für Sie, wenn Sie Ihr Problem aus einer anderen Perspektive ansehen?

Wenn Sie verschiedene Perspektiven durchgegangen sind, fragen Sie sich anschließend:

* Hat der Perspektivwechsel Einfluss darauf, wie Sie die Situation erleben, auf Ihre Einstellungen der Situation gegenüber? Sehen Sie neue Handlungsmöglichkeiten innerhalb der Situation?
* Viele Perspektiven zu haben, führt auch zu einer Fülle von Möglichkeiten, aus dem Festhalte-Prozess auszusteigen! Bewerten Sie diese Möglichkeiten bitte nicht als inakzeptabel. Wenn es für andere einen Ausweg gibt, gibt es den auch für Sie!
* Würden andere Menschen andere Lösungen akzeptieren als Sie?

Lassen Sie diese Möglichkeiten gelten, die Alternativen eine Zeit lang wirken und überlegen Sie, ob welche davon für Ihren Loslass-Prozess hilfreich sein könnte.

Wenn die Perspektivübernahme so gar nicht funktioniert, sprechen Sie mit den Leuten, die für Sie wichtig sind. Stellen Sie die Fragen zu Ihrer Festhalte-Problematik ganz direkt: Welche Lösungen würde eine andere Person in Ihrer Situation akzeptieren? Und nun noch einmal ganz konkret: Welche Handlungsmöglichkeiten stehen Ihnen derzeit zur Verfügung, um Ihr Loslass-Thema zu meistern?

Ich kann loslassen, indem ich:

____

____

Was mich noch hält, ist:

____

____

Zerkleinern, um zu entsorgen

Wie wir mit unseren inneren Themen umgehen, wie wir sie wahrnehmen, erkennen und dann auch auf sie reagieren, lernen wir schon während unserer Kindheit von anderen Menschen, vor allem von unseren Eltern. Kinder bekommen sehr genau mit, wie ihre erwachsenen Vorbilder auf eine Situation reagieren, selbst wenn diese es vor anderen zu verstecken versuchen.

Wenn unsere Bezugspersonen uns keine konstruktiven Vorbilder im Lösen ihrer schwierigen Situationen waren, können sie auch keine guten Lösungsstrategien an uns weitergeben. Wir müssen uns unsere Lösungsstrategien und Lösungsfähigkeiten dann selbst erschließen und erarbeiten. Am besten funktioniert das, indem man ein Problem in seine Bestandteile zerteilt: Je gründlicher etwas zerlegt wird, umso besser ist es zu entsorgen. Wir zerlegen die Dinge so lange in ihre Bestandteile, bis wir uns das davon aussuchen können, was wir noch brauchen können, um loszulassen und glücklich zu werden. Den Rest können wir dann beruhigt vollständig entsorgen.

Am Beispiel der Nahrung wird deutlich, wie wichtig das Zerkleinern ist. Wir Menschen kauen unsere Nahrung so lange, bis sie für uns passend ist. Ebenso ist es mit unseren Loslass-Themen. Wenn wir versuchen, sie im Ganzen hinunterzuschlucken, liegen sie uns schwer im Magen. Wenn wir unsere Themen aber kauen und sie zerkleinern, können wir sie in ihre Bestandteile zerlegen.

Sicher kennen Sie Menschen, die jede Nahrung fast unzerkaut hinunterschlingen und auch welche, die erst einmal jedes Essen ablehnen, das sie nicht kennen. Beide Verhaltensweisen lassen wenig neue Erfahrungen zu.

Auf der einen Seite wird alles Neue abgelehnt, selbst wenn es gut täte, während auf der anderen Seite einfach alles ungeprüft hinuntergeschluckt wird. Wie so oft liegt auch beim Loslassen die beste Lösung in der Mitte: Prüfen Sie, welche Neuerungen für Sie gut bekömmlich sind!

TEST: Befinden Sie sich im Loslass-Fortschritt oder im Loslass-Stillstand?

Überprüfen Sie sich einmal selbst! Sind Sie bereits mitten im Loslass-Prozess oder haben Sie sich in eine Sackgasse verrannt?

Mit dem folgenden Fragebogen können Sie überprüfen, ob Sie sich Ihrem Wunsch entsprechend dahin verändert haben, das Loslassen aktiv weiterzuentwickeln oder ob Sie sich noch eher im Festhalte-Prozess befinden.

	Aussage	Eher ja	Eher nein
1.	Das Leben hat mir eine schwierige Aufgabe gestellt. Dies ist meine Entwicklungsaufgabe, auch wenn mich das ab und zu noch schmerzt, wütend, traurig oder ängstlich macht.	☐	☐
2.	Meine Situation aus einem anderen Blickwinkel zu betrachten, ändert nichts an den Tatsachen.	☐	☐
3.	Wenn ich anderen erzähle, wie übel mir mitgespielt wurde, sind alle sehr mitfühlend und bedauern mich.	☐	☐
4.	Die Menschen, die eine Beteiligung an meiner schwierigen Situation hatten, habe ich durch ein Gespräch, ein Telefonat oder einen Brief deutlich rückgemeldet, wie ich die Lage sehe, was ich von ihnen erwarte oder welche Konsequenzen das für sie mit sich bringt.	☐	☐

	Aussage	Eher ja	Eher nein
5.	Darüber, dass es so gekommen ist, bin ich manchmal noch sehr traurig. Dennoch habe ich schon viel erreicht und kann das Leben in manchen Momenten sogar etwas genießen.	☐	☐
6.	Egal was kommt, ich will eigentlich die Situation zurück, die früher einmal war.	☐	☐
7.	Mittlerweile akzeptiere ich, dass es auch andere Möglichkeiten gibt, auf mein Schicksal zu antworten, als ich anfänglich dachte.	☐	☐
8.	Ich kann bei meiner Thematik keinen Sinn in der Arbeit an mir selbst entdecken.	☐	☐
9.	Durch das, was mir passiert ist, bin ich seelisch und körperlich beeinträchtig, das kann man nicht schönreden.	☐	☐
10.	Ich kann andere Menschen nicht ändern und auch die Umstände nur bedingt beeinflussen. Deshalb arbeite ich an mir selbst!	☐	☐
11.	Ich bin kein Spielball des Lebens. Wenn es mir manchmal so vorkommt, überlege ich intensiv, wie ich meine Situation verbessern kann und tue dann auch wirklich etwas dafür, damit ich mich besser fühle.	☐	☐
12.	Bis hierher hat mir dieses Buch auch nicht weitergeholfen, nichts hat sich verändert.	☐	☐

	Aussage	Eher ja	Eher nein
13	Bei meiner Thematik gibt es eigentlich nur eine Lösung, alles andere zählt für mich nicht.	☐	☐
14.	Zwischendurch belohne ich mich selbst dafür, dass es mir immer wieder gelingt, mich neu auszurichten und auf Neues einzulassen.	☐	☐
15.	Meine Gedanken kreisen ab und an um mein Thema und ich kann sie einfach nicht abstellen.	☐	☐
16.	Anderen Menschen oder den Umständen räume ich nicht mehr so viel Macht ein. Ich gestalte mein Leben in dem Rahmen selbst, in dem es mir möglich ist, und versuche wieder mehr zu genießen.	☐	☐
17.	Manchmal blicke ich mit Erstaunen zurück, denn obwohl ich noch nicht ganz angekommen bin, habe ich doch schon ganz viel geschafft.	☐	☐
18.	Rache und Vergeltungsmöglichkeiten beschäftigen mich noch ab und zu. Der Tag der Abrechnung muss einfach noch kommen, Genugtuung gab es für mich noch nicht.	☐	☐
19.	Manchmal werde ich innerlich zynisch gegenüber anderen und glaube, dass die Welt schlecht ist.	☐	☐
20.	Immer wieder erinnere ich mich an meine Fähigkeiten, besinne mich auf meine Kraft und ermutige mich selbst, wohlwollend auf mich und die Welt zu schauen, auch wenn es oft schwerfällt.	☐	☐

Auswertung

Bitte werten Sie folgendermaßen aus: Unter den Buchstaben A und B finden Sie die jeweils dazugehörigen Antworten. Zählen Sie zusammen, wie häufig Sie A- oder B-Antworten gegeben haben:

A: 1, 4, 5, 7, 10, 11, 14, 16, 17, 20 ☐

B: 2, 3, 6, 8, 9, 12, 13, 15, 18, 19 ☐

Interpretationen

Bei acht und mehr B-Antworten: Sie befinden sich eher im Loslass-Stillstand!
Die B-Antworten weisen überwiegend darauf hin, dass Sie sich eher im Loslass-Stillstand befinden. Offenbar verharren Sie noch immer in der Opferhaltung, denn Sie haben noch nicht so recht geschafft, die Kontrolle über das Geschehen wiederzuerlangen. Vielleicht haben Sie so lange mit der Vorstellung gelebt, dass Ihnen nichts gelingt, dass Sie neue, positive Gedanken gar nicht zulassen können oder wollen. Vielleicht sind Sie so in Ihrem Gedankengebäude gefangen, dass Sie keine Lösungsalternativen zulassen. Jedenfalls probieren Sie kaum etwas aus, um sich aus Ihrer Situation heraus zu manövrieren. Entweder sind Sie sich Ihrer inneren Ressourcen noch nicht bewusst oder Sie können diese noch nicht abrufen, wenn Sie sie benötigen. Vielleicht haben Sie sogar einen echten Vorteil davon, sich selbst zu bemitleiden?

Hier einige Fragen, die Sie vielleicht weiterbringen können!

* Haben Sie wirklich mitgeARBEITET?
* Welchen Vorteil haben Sie davon, nicht aktiv zu werden, sondern in der Opferrolle zu bleiben?

* Welchen Vorteil haben Sie davon, wenn Sie sich nur mit Ihrem Thema beschäftigen und an fast nichts anderes denken können?
* Haben Sie sich Begleitkärtchen angelegt (siehe Seite 57)?
* Haben Sie die Übungen zum Perspektivwechsel wirklich durchgeführt (siehe ab Seite 58)?
* Haben Sie auch wirklich geübt, eine positive Grundhaltung einzunehmen?
* Haben Sie auch wirklich einmal gedanklich durchgespielt, wie andere Lösungen aussehen könnten?
* Haben Sie tatsächlich versucht, an sich zu arbeiten?
* Haben Sie auch wirklich geübt, Entscheidungen zu treffen?
* Erwarten Sie vielleicht zu schnell zu viel?

Bitte treffen Sie an dieser Stelle noch einmal die Entscheidung:
Ich will mich einlassen, um immer mehr ins Handeln kommen und ausprobieren, was mir hilft, um loszulassen: Ja oder nein?

Falls Sie diese Entscheidung nicht treffen können oder innerlich so blockiert sind, dass gar nichts mehr geht, lassen Sie sich erst einmal etwas Zeit. Tun Sie sich erst einmal etwas Gutes und überlegen, wer oder was Ihnen in Ihrer Festhaltesituation helfen könnte.

Vielleicht brauchen Sie den persönlichen Austausch mit einem lieben Menschen? Vielleicht könnte es helfen, den Austausch mit Menschen in ähnlicher Situation zu suchen, zum Beispiel über das Internet oder über einer Selbsthilfeinitiative in Ihrer Nähe.

Wenn dies alles nichts hilft, nutzen Sie die Checkliste zur Einschätzung Ihrer Situation auf Seite 181. Hier erfahren Sie, woran Sie merken, dass Sie professionelle Hilfe suchen sollten.

Bei etwa gleich vielen A- und B-Antworten: Sie kommen allmählich in die Loslass-Aktivität!
Wenn Sie etwa jeweils zur Hälfte Antworten aus beiden Bereichen gegeben haben, deutet das darauf hin, dass Sie sich um eine Verbesserung Ihrer Situation bemühen, Ihnen dies aber an manchen Stellen noch sehr schwer fällt.

Einige Übungen, Hinweise und Strategien haben Sie für sich entdeckt, trauen sich aber manchmal noch nicht zu, diese auch zu nutzen. Immer wieder einmal fallen Sie dann doch in alte Denkmuster und Gewohnheiten zurück. Loslassen kostet Kraft, und das bekommen Sie zu spüren. Dennoch: Sie sind langsam auf dem Weg. Und wenn es stetig weitergeht, ist es doch wunderbar! Bleiben Sie nicht stehen! Schauen Sie, welche Strategien aus den ersten beiden Schritten Sie vielleicht noch öfter nutzen oder besser einüben könnten. Vielleicht gibt es dort auch etwas, das Sie bisher ausgelassen und gemieden haben. Beschäftigen Sie sich ruhig noch ein Weilchen damit, wenn Sie mögen. Vielleicht könnte Ihnen mehr Austausch mit Ihrer Vertrauensperson gut tun? Vergessen Sie nicht, sich für Ihre Fortschritte zu belohnen!

Denken Sie auch daran, sich Ruhezeiten zu gönnen, in denen Sie Kraft und Energie für den weiteren Loslass-Prozess tanken! Wenn Sie genug Motivation, Kraft und Energie für den dritten Schritt haben, lesen Sie ruhig weiter.

Bei mehr als sieben A-Antworten: Sie befinden sich mitten im Loslass-Prozess!

Die meisten A-Antworten weisen darauf hin, dass Sie sich mitten im Loslass-Prozess befinden! Wenn Sie so weitermachen, finden Sie schon bald das Glück! Sie sind dabei, ganz aktiv nach Lösungsmöglichkeiten zu suchen, ziehen Alternativen in Betracht und setzen sich für sich selbst ein. Sie haben sich Ihre Fähigkeiten ins Gedächtnis gerufen und versuchen, diese der Lage entsprechend einzusetzen und zu nutzen. Wenn etwas mal nicht so klappt, richten Sie sich nach einiger Zeit selbst wieder auf und motivieren sich, weiterhin an sich zu arbeiten. Sie passen sich immer wieder an neue Gegebenheiten an, indem Sie an sich selbst arbeiten. Sie setzen die Vorschläge in diesem Buch für sich in die Tat um, und auch wenn es schwerfällt, versuchen Sie, Ihre Schwierigkeiten als Aufgabe zur persönlichen Reifung zu betrachten. Vergessen Sie nicht, sich immer wieder einmal etwas Gutes für Ihre Mühen zu gönnen! Mit so viel Tatkraft können Sie nun wunderbar in den nächsten Loslass-Schritt starten!

Ritualarbeit: Sich auf den Tag einstimmen

Wozu dieses Ritual dient:

Diese Übung zeigt, dass wir zu einem Anteil selbst in der Lage sind, für eine gewisse Zeit für ein gutes Gefühl zu sorgen.

So wird's gemacht:

Wenn es Ihnen möglich ist, nehmen Sie sich jeden Morgen vor dem Aufstehen oder jeden Abend vor dem Einschlafen vor, sich auf eine schöne Erinnerung zu konzentrieren. Ein einziger angenehmer Gedanke reicht oft für uns aus, den Augenblick als schön und angenehm zu erleben und uns mit guten Gefühlen gestärkt in den Tag oder in die Nacht zu schicken.

Denken Sie bitte an eine angenehme, wohltuende Erinnerung aus ihrer Vergangenheit. Das kann ein besonderer Ehrentag sein, ein schöner Alltagsmoment, der Augenblick neulich, als Ihr Kind Sie glücklich ansah oder eine ganz entspannte Situation aus dem letzten Sommerurlaub – einfach ein Moment, in dem Sie sich so richtig rundum wohlfühlten.

Spüren Sie dieser guten Erinnerung einen Augenblick lang nach.

Vielleicht können Sie bemerken, dass die Erinnerung in Ihrem Gedächtnis auch Auswirkungen auf Ihren Körper hat: Vielleicht haben Sie sich bei dieser positiven Erinnerung etwas mehr aufgerichtet, vielleicht ist ein Lächeln über Ihr Gesicht gehuscht. Vielleicht konnten Sie dieses schöne Gefühl an einer ganz bestimmten Stelle in Ihrem Körper spüren. Vielleicht wurde Ihnen warm ums Herz.

Und vielleicht fanden Sie die Welt um sich herum gerade etwas schöner, angenehmer und wohltuender.

Dann sind Sie gut eingestimmt auf den Tag. Auch wenn ein solcher Gedanke im Alltag manchmal nicht lange vorhält, um die Welt über längere Zeit erstrahlen zu lassen: Sie wissen ja jetzt, wie Sie dieses gute Gefühl in sich wieder abrufen können.

Der dritte Schritt: Die Gefühlswelt in Einklang bringen

Das Festhalten und das Loslassen provozieren viele Gefühle in uns. So manches Mal steuern Gefühle unsere Einschätzung einer Situation, unsere Entscheidungen und unser Verhalten, die aus längst vergangener Zeit stammen. Bringen Sie Ihre Gefühlswelt in Einklang!

> *Es ist unser Licht, das uns am meisten Angst macht und nicht unsere Dunkelheit.* NELSON MANDELA

Der dritte Schritt im Überblick

Im dritten Schritt geht es nun darum, sich den dunklen Gefühlen zu stellen, die mit dem Festhalten verbunden sind. Menschen gestalten ihre Verarbeitungsprozesse sehr unterschiedlich. Während manche aktiv mit ihren Gefühlen umgehen, empfinden andere ihre Emotionen eher als Belastung, die sie irgendwie erdulden müssen.

Die persönliche Wachstumsaufgabe ist es, das erfahrene Leid zuzulassen und die Gefühle in der nächsten Zeit anzuerkennen, statt sie immer wieder zu verdrängen. Für viele Menschen ist das eine große Herausforderung. Aber wenn Sie sich darauf einlassen können, wird Ihre Persönlichkeit reifen. Sie lernen, Ihre Selbstschutzmechanismen zu aktivieren und sich auch immer wieder in einen angenehmen Gefühlszustand zu versetzen. Sie werden Ihre Ausweichstrategien enttarnen und Unruhestifter zu Unterstützern machen! Wer sich selbst auf seine Gefühlswelt einlässt, kann lernen, im Einklang mit dieser zu handeln und sich immer wieder auszugleichen.

Visualisierung: Farbströme

Stellen Sie sich bequem hin, in sicherer, aber entspannter Haltung, Schließen Sie die Augen und spüren Sie in sich hinein. Folgen Sie dem Ein- und Ausströmen Ihres Atems. Spüren Sie, wie die Atemwelle Sie mit wohltuendem Sauerstoff versorgt und Ihren Körper mit der verbrauchten Luft wieder verlässt.

Nehmen Sie wahr, wie Ihr ganzer Körper sich mit dem Atem verbindet, wie die Farbe Ihres Atems Ihren Körper mehr und mehr ausfüllt. Vielleicht mit dem Blau des Meeres? Oder strömt die Farbe Ihres Atems wie reiner, weißer Nebel in Sie ein?

Lassen Sie Ihren Atem solange in seiner eigenen Farbe strömen, bis Ihr Körper mit der energiereichen Farbe Ihres Atems angefüllt ist. Während Sie Ihrer Atemwelle weiter folgen, bemerken Sie, dass da noch andere Farben in Ihrem Körper wohnen. Vielleicht eine Farbe der Leichtigkeit und eine Farbe der Hoffnung. Aber da ist auch eine Farbe des Festhaltens, die sich in Ihrem Körper Raum genommen hat. Stellen Sie sich vor, wie sich die einströmende Atemwelle mit dieser Farbe des Festhaltens verbindet, wie sie diese in sich aufnimmt und beim Ausatmen nach außen abgibt. Atmen Sie einfach aus, was Sie belastet. Mehr und mehr wandelt sich all das, was Sie nicht mehr benötigen, zu verbrauchter Luft. Mit jedem Atemzug nehmen Sie Wohltuendes in sich auf und atmen Belastendes aus. So lange, bis Sie genug von der Farbe des Festhaltens herausgeatmet haben und Ihre Atemwellen angenehm weich und gleichmäßig geworden sind.

Bevor Sie die Augen wieder öffnen, spüren Sie nochmals in sich hinein. Vielleicht ist noch nicht das ganze Problem weggeatmet, aber Sie werden bei jeder weiteren solchen Visualisierung mehr davon wegatmen.

Die Fülle der Gefühlswelt

Die eigene Gefühlswelt zur rechten Zeit gut wahrzunehmen, richtig zu deuten und anschließend im Einklang von Herz und Verstand zu handeln, das ist beim Loslassen gar nicht so einfach. Häufig wissen wir nicht so recht, was uns unsere Gefühle eigentlich sagen wollen.

Die guten Gefühle haben wir alle gern. Das Loslassen ist aber oft auch mit schmerzlichen Gefühlen wie Trauer und Enttäuschung, Ärger und Neid verbunden. Uns steht eine riesige Palette von dunklen Gefühlen zur Verfügung, die wir eigentlich gar nicht spüren und erleben wollen. Mit ihnen ist ein zeitweiliges Leiden unvermeidlich. Oft versuchen wir sie daher an den Rand unseres Empfindens zu drängen. Vielleicht, weil wir fürchten, die Kontrolle über uns zu verlieren, oder von anderen belächelt oder bemitleidet zu werden. Oder weil man Angst hat, sich aus einem Gefühlszustand allein nicht mehr herausmanövrieren zu können. Doch jeder weiß, dass man kein Gefühl auf Dauer unterdrücken kann. Wir befinden uns also in einem dauernden Loslass-Konflikt: Das Gefühl muss raus, obwohl wir uns damit gar nicht befassen wollen. Wohin also mit der brisanten Fracht? Wie viel davon muss abgeladen werden? Wie kann man überhaupt entladen?

Vielleicht hilft es, sich vorzustellen, dass wir aus vielen Gefühlszuständen bestehen. Jedes Gefühl hat seine Berechtigung. Erst wenn alle Gefühle im Festhalteprozess ausreichend gewürdigt wurden, können wir loslassen und uns heil fühlen.

AFFIRMATION: Finden Sie eine hilfreiche Affirmation für den dritten Schritt

Lassen Sie sich von Ihrer persönlichen Affirmation durch den dritten Schritt begleiten. Diese könnte lauten: „Ich bin immer mehr in der Lage, alle meine Gefühle anzunehmen." Oder: „Von nun an verleihe ich all meinen Gefühlen Ausdruck."

Ein Ausweg für Katja?

Katja findet noch kein Ventil, ihre Wut an die richtige Stelle zu leiten. Angst vor den Tücken des Systems spielt dabei eine Rolle, aber auch die Ohnmacht, sich nicht wehren zu können sowie der Gewinn, der aus der Opferhaltung entsteht. Denn Katja lässt sich immer wieder bestätigen, dass sie gut arbeitet.

Um sich wieder ins Gleichgewicht zu bringen, könnte Katja ...

* sich auf ihre Fähigkeiten besinnen
* ihre blockierenden Gedanken stoppen und ihnen hilfreiche Gedanken gegenüberstellen
* einen Perspektivwechsel probieren: die Situation aus der Sicht des Mentors oder des ehemaligen Schulleiters betrachten
* ein Abschluss-Ritual finden, ohne sich von einer Reaktion ihres Mentors abhängig zu machen: zum Beispiel eine Zeremonie, bei der sie die früheren Beurteilungen des Mentors verbrennt
* andere „Opfer“ des Mentors finden und sich mit ihnen verbünden
* eine Entschuldigung von ihrem ehemaligen Mentor einfordern
* sich erkundigen, ob im Nachhinein eine Klärung innerhab des Systems möglich ist
* sich juristisch beraten lassen und eventuell Beschwerde bei der Schulbehörde oder beim Lehrerverband einlegen (dies dann mit Beweismaterial)

Für die letztgenannten Möglichkeiten müsste Katja bereit sein, eventuelle Nachteile durch das System in Kauf zu nehmen.

MEIN TIPP: Um den Loslass-Prozess erfolgreich leisten zu können, brauchen wir ein Gespür für mögliche Gefahren und Abgründe. Stellen Sie sich diesen Gefahren nicht ohne Sicherung entgegen! Steigen Sie an den Stellen aus, an denen Sie befürchten, die Kontrolle über Ihre Gefühle zu verlieren, an denen es Ihnen zu viel oder zu schmerzlich wird. Gehen Sie dann lieber zu dem Ritual am Ende des zweiten Schrittes zurück oder holen sich Rückendeckung durch hilfreiche Menschen.

PROTOKOLL ZUR SELBSTREFLEKTION: Gefühle zulassen, um loszulassen

Versenken Sie sich einen Moment in sich selbst, spüren Sie in sich:

* Welche Gefühle begleiten Ihr Festhalten? Ist es vielleicht Angst, Wut, Ärger, Trauer oder Erstarrung? Oder ein anderes Gefühl? Welche Gefühle stellen sich bei der Vorstellung vom Loslassen ein? Gibt es noch weitere Gefühle, die beim Festhalten oder beim Loslassen mitschwingen, sich aber eher im Hintergrund halten?

  ____

  ____

  ____

* Wie bewerten Sie Ihre Gefühle? Sind sie anstrengend, niederträchtig, wichtig, boshaft, unflexibel …? Was bedeutet das für Sie? Wie wirken sich diese Gefühle auf Ihren Körper aus? Und auf Ihr Denken? Wie wirken Ihre Gefühle auf Ihre gesamte seelische Verfassung? Wie beeinflussen sie Ihr Handeln?

  ____

  ____

  ____

* Wodurch klingen Ihre Gefühle wieder ab? Wie beruhigen Sie sich wieder, wenn schwierige Gefühle in Ihnen auftauchen? Wie gehen Sie mit solchen Gefühlen um? Was wäre notwendig, damit sich dieses Gefühl in Ihnen wandeln kann – so dass Sie es nicht mehr als unangenehm empfinden?

  ____

  ____

* Je detaillierter Sie sich mit diesen Fragen und jedem einzelnen Gefühl beschäftigen, umso besser. Nutzen Sie Ihr Veränderungstagebuch und ergänzen Sie Ihre Antworten immer wieder, sobald Ihnen etwas dazu einfällt.

  ____

Unsere Ausweichstrategien

Es ist nur allzu menschlich und häufig auch sinnvoll, dunkle und quälende Gefühle so weit in die hintersten Winkel unseres Selbst zu vertreiben, bis wir nichts mehr von ihnen wissen. Was uns überfordert, verbannen wir in den Keller, um den Alltag bewältigen zu können.

Im Laufe des Lebens haben wir viele Ausweichstrategien erlernt: sich abzulenken beispielsweise, Arbeiten bis zum Umfallen oder die allzu bekannten Kopfschmerzen. Mit Zigaretten, Schokolade oder Alkohol kann man sich beruhigen, die Angst wegspülen und sich selbst trösten. Härtere Drogen überdecken für eine gewisse Zeit seelische Belastungen. All das sind jedoch immer nur Scheinlösungen!

Brigitte: Keine Zeit, sich selbst zu spüren

Eigentlich hat Brigitte gar keine Zeit zum Essen, daher wundert sie sich immer wieder, wie sie so zunehmen konnte. Sie isst nur Süßigkeiten, wenn sie mit dem Auto von einer Verpflichtung zur anderen unterwegs ist. So richtig entspannen kann sie sich erst beim Abendessen vor dem Fernseher. Zu späterer Stunde genehmigt sie sich dann noch ein Gläschen Wein, damit sie besser einschlafen kann.

All diese Ausweichstrategien halten uns in einem endlosen Kreislauf gefangen: Indem man negative Gefühle unterdrückt, geht man nicht durchs Feuer dieser Gefühle. Der Wachstumsprozess, den negative Gefühle eigentlich in Gang setzen wollen, wird blockiert. Das trifft auch andere Gefühle, denn sobald auf der Seite der negativen Gefühle ein Stau entsteht, können auch die positiven nicht mehr frei fließen.

Im Alltag nehmen wir manche unangenehme Situation in Kauf: Die jährliche Kontrolle beim Zahnarzt etwa lassen wir über uns ergehen, um die Zähne zu erhalten. Kurzzeitig sind wir also bereit, uns einer unangenehmen Situation zu stellen. Ebenso sinnvoll ist es, sich der eigenen Gefühlswelt zu stellen. Denn wer festhält, kann nicht loslassen! Das gesamte Spektrum der Gefühle gehört zu unserem Selbst.

ÜBUNG:
Meine Gefühlssonne

Malen oder gestalten Sie doch einmal Ihre Sonne der Gefühle.

Ziel und Wirkung der Übung:
Durch die Übung kann man sein Gefühlsbewusstsein weiter entwickeln und die vielen unterschiedlichen Gefühlszustände zuordnen. Dabei zeigt sich, dass wir aus vielen Gefühlszuständen bestehen. Manchmal brauchen wir Beruhigendes, manchmal Tröstendes oder Heilsames.

So wird's gemacht:
Sammeln Sie alle Gefühlszustände, die Sie in einer Woche erleben, ganz detailliert in Ihrem Veränderungstagebuch. Zum Beispiel so:
Montag:
16 Uhr: Ich komme genervt von der Arbeit nach Hause, dem Chef kann man einfach nichts recht machen.
16 Uhr 30: Ärgerlich! Unser Nachbar hat seinen Müll seit gestern vor der Wohnungstür stehen, der ganze Flur stinkt, und der Gestank zieht in unsere Wohnung.
17 Uhr: Ich freue mich auf Jens.
18 Uhr: Harmonie und Wohlfühlen im Kreis der Familie. Rita und Carl sind eben auch noch auf einen Sprung vorbeigekommen.

Fragen Sie sich am Ende eines jeden Tages zu den dunklen Gefühlen: Was habe ich mit meinen dunklen Gefühlen gemacht? Durften sie sich zeigen? Wie bin ich mit ihnen umgegangen? Was hätte ich eigentlich gern getan? Warum habe ich mir das nicht erlaubt?
Habe ich meine hellen Gefühle beachtet? Hatten sie genug Raum? Durften sie sich zeigen? Wie bin ich mit ihnen umgegangen?
Sobald Sie genug Gefühlszustände gesammelt haben, malen Sie auf ein großes Blatt Papier, auf Pappe, Holz oder Tapete einen Sonnenkreis. Lassen Sie vom Rand der Sonne aus jeweils eines Ihrer beobachteten

Gefühle als Zacke nach außen gehen. Geben Sie jeder Gefühlszacke eine eigene Farbe, vielleicht sogar eine eigene Form. Sie können dazu alle möglichen Materialien nutzen: Stoff, Blätter, Knöpfe ... Gestalten Sie an Ihrer Sonne ruhig so lange, bis sie fertig ist.

Was noch helfen kann:
Gefühle in Musik ausdrücken, Gedichte zur eigenen Gefühlslage heraussuchen und dem Partner vorlesen oder eine Märchenrunde mit Freundinnen einlegen.

Nutzen Sie Ihre Möglichkeiten!

Bevor Sie sich intensiv auf Ihre Gefühlswelt einlassen, sollten Sie Ihre Selbstschutzmechanismen ausprobieren: Rufen Sie sich doch dazu einmal in Erinnerung, dass Sie in der Vergangenheit sicher schon viele unangenehme Gefühlssituationen aushalten konnten. Unangenehme Gefühle halten sich nicht über einen längeren Zeitraum, sie werden schon bald von anderen Empfindungen abgelöst. Selbst die dunkelsten Gefühle vergehen wieder, denn beständig rückt etwas anderes, neues in den Fokus unserer Aufmerksamkeit.

Trotzdem: Gefühle wie Ohnmacht, Wut, Scham oder Angst sind schwer auszuhalten. Besinnen Sie sich daher auf Ihre guten Gefühlsempfindungen, wie Liebe, Freude, Mut, Gelassenheit und Zuversicht. Auch wenn diese Gefühle derzeit nicht vorrangig in Ihrem Leben in Erscheinung treten, gab es sie doch sicher irgendwann schon einmal. Wenn wir uns auf die positive Gefühlswelt besinnen, können wir eine Sache ganz direkt angehen und auch negative Gefühle eine Zeit lang aushalten. Damit soll eine schwierige Situation nicht beschönigt, sondern ganz bewusst und vollständig erfasst werden.

Denn nur wenn wir in einem guten Kontakt zu all unseren Gefühlskomponenten bleiben, können wir unsere Ziele, Möglichkeiten und auch die vorhandenen Alternativen sehr viel differenzierter erfassen und direkter auf sie zugehen.

EXPERIMENT:
In Selbstmitleid versinken

Wenn Sie dazu neigen, in Selbstmitleid zu versinken oder zu lamentieren, begrenzen Sie selbst Ihre Jammerzeit! Kosten Sie eine halbe Stunde lang das Selbstmitleid in vollen Zügen aus, und stellen Sie sich den Wecker, damit Sie wissen, dass es nun Zeit ist, aus dem Jammertal herauszufinden.

Gefühlsstrategien zum Selbstschutz

Gerade dann, wenn wir negative Gefühle wie Wut, Selbstzweifel und Enttäuschung spüren, ist es wichtig, umzuschalten und etwas ganz anderes zu tun, um sich wieder ins Gleichgewicht zu bringen. Das kann gelingen, indem man sich darüber bewusst wird, was man in diesem bestimmten Moment braucht: Trost, Zuspruch, Körperkontakt, Musik, einen Spaziergang durch die Natur, eine Kurzgeschichte lesen, Gedichte lesen oder hören ... Diese angenehmen Gegengefühle schaffen die emotionale Grundlage dafür, sich mit der eigentlichen Problematik auseinanderzusetzen.

Einige Selbstschutzmaßnahmen haben Sie während der ersten beiden Schritte bereits geübt. Zur Erinnerung:

* innere Bilder nutzen
* auf einen guten Gefühlszustand umschalten
* hilfreiche Gedanken abrufen
* sich durch Aktivität ablenken und neu motivieren

Weitere Möglichkeiten können die folgenden sein:

* Schreiben Sie Gedanken und Gefühle auf. Anschließend legen Sie diese Aufzeichnungen erst einmal beiseite, Sie können sie auch wegschließen. Holen Sie diese erst dann wieder hervor, wenn jemand gekommen ist, mit dem Sie über diese Aspekte sprechen können und wollen.

* Sprechen Sie sich selbst Mut zu! Formulieren Sie Sätze wie: „Ich kann auch meine unangenehmen Gefühle eine Weile aushalten!" oder: „Ich kann mehr und mehr auf meine positiven Gefühlszustände zugreifen und mich aus dunklen Grübeleien befreien."
* Setzen Sie bei Bedarf einem starken negativen Gefühl wie Wut, Hilflosigkeit oder Scham ein zweites entlastendes Gefühl entgegen, um auch das unangenehme Gefühl akzeptieren, aushalten und verarbeiten zu können.

Gefühle zu Verbündeten machen

Es erfordert Mut, sich seinem eigenen Gefühlsleben zuzuwenden, verschüttete Erinnerungen freizulegen und damit verbundene verletzte Gefühle näher zu betrachten. Aber es ist sinnvoll, denn die Wiederbelebung alter Gefühle kann eine Chance sein, auf den Weg der Lebensfreude zurückzukehren. Wenn wir die unangenehmen Phasen der Wut, Angst oder Trauer erfolgreich durchlaufen, führt das zu einem inneren Ausgleich.
Unsere Gefühle sagen uns, dass es eine Aufgabe zu bewältigen gilt. Gefühle und Körperreaktionen sind Botschafter unseres Selbst und wollen uns helfen, gut für uns selbst zu sorgen. Angst, Wut, Ärger und ähnliche unangenehme Gefühle signalisieren uns, dass etwas schiefläuft, und dass sich etwas verändern muss.
Gefühle zeigen uns zum Beispiel, wie es uns mit einem Menschen, mit einer Situation oder mit einer bestimmten Idee geht. Sie funktionieren wie ein innerer Seismograph: Die angenehmen, wohltuenden und förderlichen Gefühle signalisieren uns, dass wir auf dem richtigen Weg sind. Der Seismograph registriert keine Gefahr. Die unangenehmen, dunklen und schmerzhaften Gefühle mögen wir zwar bedeutend weniger, aber auch sie signalisieren uns etwas, nämlich: „Achtung, du bist von deinem Weg abgekommen! Hier ist Erdbebengefahr. Finde wieder in die richtige Spur." Das Leben kann so bunt sein, wenn wir losgelassen haben!

PROTOKOLL ZUR SELBSTREFLEKTION: Machen Sie „Unterstützergefühle" ausfindig

* Mit welchen Gefühlszuständen haben Sie in Ihrem Leben bisher gute Erfahrungen gemacht? Rufen Sie sich diese wohltuenden Gefühlszustände aktiv ins Gedächtnis, sie werden Ihnen helfen, auch die unangenehmen Gefühlszustände eine Zeit lang auszuhalten.

____

____

____

____

* Wie können Sie hilfreiche Gefühlszustände erzeugen und diese den negativen entgegensetzen? Welche Menschen lösen gute Gefühle in Ihnen aus? An welchen Orten und in welchen Situationen fühlen Sie sich gleich besser?

____

____

____

____

* Welche Methoden nutzen Sie, um sich aus den dunklen Gefühlszuständen wieder zu befreien, falls notwendig? Wie beruhigen Sie sich selbst, wenn Sie innerlich aufgewühlt sind? Welche Vorstellung hilft Ihnen, die dunklen Gefühle eine Zeit lang auszuhalten? Zum Abschluss der Übung wandern Sie doch in Ihren Gedanken zu einem Ort, der Ihnen gut tut und verweilen Sie dort ein bisschen.

____

____

____

____

EXPERIMENT: Zwischen Gefühlszuständen wechseln

Wie man einen positiven Gefühlszustand erzeugt, haben Sie im Ritual am Ende des zweiten Kapitels erfahren (Seite 67).
Stellen Sie nun einmal zwei Gefühlszustände einander gegenüber: einen positiven und einen negativen. Versetzen Sie sich dabei ganz konkret in eine Situation von Ärger, Enttäuschung, Eifersucht oder Ähnliches.
Und jetzt versetzen Sie sich in eine ganz konkrete Situation der Lebensfreude, des Wohlfühlens oder der Fröhlichkeit.
Nun steigen Sie abwechselnd in beide Situationen ein. Spüren Sie, wie es Ihnen in der einen Situation körperlich, seelisch und geistig geht. Dann wechseln Sie in die andere Situation und tun das gleiche.
Wenn es Ihnen hilft, drehen Sie sich während der Negativempfindung in die eine Richtung und beim positiven Gefühl in die andere Richtung.
Schließen Sie immer mit den guten Gefühlszuständen ab.

Warum auch negative Gefühle sinnvoll sind

Ohne unsere Gefühle würden wir uns noch öfter ins Erdbebengebiet verirren, als wir es ohnehin schon tun. Jedes Gefühl hat eine Funktion und ist eine sinnvolle Orientierungshilfe. Und jeder Versuch, Gefühle in den Griff zu bekommen, ohne die Hintergründe zu beachten und den Ursachen auf den Grund zu gehen, ist zum Scheitern verurteilt.

Starke Gefühle wie Wut, Zorn, Ärger und Groll laden uns mit negativer Energie auf. Man weiß gar nicht, wohin mit der geballten Energieladung, die sich urplötzlich in einem freisetzt. Gleichzeitig bringen uns solche Gefühlszustände aber auch in Kontakt mit unserer inneren Kraft. Diese Gefühle sagen deutlich: „Halt, Stopp, hier ist etwas nicht in Ordnung! Vielleicht hat jemand einen alten, wunden Punkt getroffen, vielleicht fühlst du dich gerade wehrlos oder unterlegen, vielleicht bist du allein durch die Situation überfordert, übergehst deine eigenen Grenzen oder weißt vielleicht nicht, wie du deine Grenzen verteidigen könntest ..." Diese Gefühle sagen: „Hier ist gerade ein Wendepunkt für eine sinnvolle Veränderung! Bring dich wieder ins Gleichgewicht!"

Fragen Sie sich also, welchen Sinn Ihre Gefühle haben, was sie Ihnen zeigen wollen oder wobei sie Ihnen helfen wollen. Versuchen Sie es doch einmal mit einer neuen Sichtweise: Betrachten Sie all Ihre Gefühle als Verbündete, egal ob es gute oder schlechte Gefühle sind. Wenn Sie es schaffen, Ihre Gefühlswelt als Ganzes anzunehmen, werden Sie viele unterstützende Botschaften hören.

ÜBUNG: *Wut, Zorn, Ärger und Groll ... Unruhestifter werden Unterstützer*

Ziel und Wirkung der Übung:

Diese Übung hilft, ein Ventil zu finden, negative Energieladung loszuwerden, Gefühle zu kanalisieren und Abstand von destruktiven Anteilen des Selbst zu gewinnen. Durch die körperliche Bewegung werden aggressive Gefühle ausgelebt, die negative Energie wird in Tatkraft verwandelt. Puls und Atemfrequenz steigen an. Die anschließende körperliche Ermüdung führt auch zu einer wohltuenden psychischen Entspannung..

So wird's gemacht:

Wenn Sie das nächste Mal in Rage sind, suchen Sie einen Ort auf, an dem Sie ungestört sind. Stellen Sie sich in sicherer Haltung auf: breitbeinig, die Knie locker, die Arme leicht vom Körper abgespreizt. Wenn es Ihnen möglich ist, schließen Sie die Augen und spüren Sie sich selbst einen Augenblick lang in dieser Haltung: So kann Sie nichts so leicht umwerfen.

Dann nehmen Sie den vollen Kontakt mit Ihren Gefühlen auf. Spüren Sie die Kraft und die Energie, die Ihre Gefühle Ihnen schenken.
Beginnen Sie Ihre Atmung dem Rhythmus Ihres Gefühls anzupassen. Als kurze schnelle Atmung beispielsweise oder als langgezogenes Ausatmen, das Sie mit einem Ton verbinden. So lange, bis Sie in diesem Bereich genug negative Energie aus sich herausgeleitet haben. Wenn Ihnen nach Schreien ist, dann schreien Sie.
Strecken Sie nun die Arme aus und spüren einmal um sich herum, wie weit Ihr Energiefeld des Ärgers reicht. Sie können dazu in Bewegung gehen, den inneren Ärger mit den Handflächen immer weiter von sich wegschieben. Oder auch mit den Fäusten einige Boxschläge in die Luft, auf einen Sandsack oder ein Kissen abgeben.
Wenn es Ihnen gut tut, dabei gleichzeitig auf der Stelle zu dribbeln oder zu hüpfen, tun Sie das. Bleiben Sie so lange in Bewegung, bis Sie genug negative Energie aus sich herausgeleitet haben.
Schließlich können Sie sich vorstellen, wie der Rest des schädlichen Anteils aus Ihrem Körper über die Beine in die Füße zieht und von dort aus in den Boden abfließt und verschwindet.
Schließen Sie diese Übung mit einem Dank an Ihren Ärger ab, etwa: „Ich danke Dir, dass Du mich wissen lässt, wenn etwas schiefläuft."
Nun können Sie in Ruhe überlegen, was Sie aus dieser konkreten Situation lernen können und was jetzt zu tun ist.
Finden Sie die Ursachen und die Auslöser für die Gefühle in sich, und setzen Sie Ihre Tatkraft nun für eine zielgerichtete Bereinigung ein, um sich wieder ganz ins innere Gleichgewicht zu bringen.

Was noch helfen kann:
Je nach Intensität der Gefühlsladung: einige laute Schreie abgeben, zwei Minuten vor sich hin schimpfen, aus dem Haus laufen und losrennen, Holz hacken gehen, einen Kampftanz zu einer dramatischen Musik erfinden.

EXPERIMENT:
Bändigen Sie Schuldgefühle

Wenn Sie einmal das schlechte Gewissen quält oder Schuldgefühle, die längst passé sein sollten, probieren Sie doch einmal folgendes: Die Scham ist wie ein kleiner, frecher Hund, der beim Spielen das Ende signalisiert bekommt, dies aber nicht akzeptieren will und Sie immer wieder ins Bein beißt. Schicken Sie ihn mit einer Geste weg, wie Sie einen solch ungezogenen, kleinen Hund in seine Hütte schicken würden: „Kusch, jetzt ist Schluss! Ab in deine Hütte."

Wenn die Stille zum Grübeln einlädt

Wenn das Loslassen mit vielen Ängsten und Befürchtungen gekoppelt ist und Sorgen und Grübeleien überhand nehmen, drehen wir uns häufig nur noch um uns selbst. Das Interesse an den Dingen, die um uns herum geschehen, schwindet und der Blick ist auf die inneren Prozesse gerichtet. Man fühlt sich in diesen Situationen niedergeschlagen und findet einfach keinen Lösungsansatz. Ein Kreislauf von Grübeleien, Sorgen und Angst vor der Zukunft beginnt. In manchen Phasen kann man deshalb Ruhe kaum ertragen.

Wahrscheinlich kennen Sie das auch, dass in solchen Zeiten gerade beim Einschlafen der Grübel-Kreislauf wieder von vorn beginnt oder dann, wenn man sich eigentlich gerade entspannen möchte. Die Leere im Kopf tut in diesen Momentenn nicht gut!

Der Grund dafür: Wenn in einer Ruhephase gleichzeitig ängstliche und angenehme Gedanken miteinander konkurrieren, gewinnen häufig die angstbesetzten Vorstellungen die Oberhand. Das geschieht, weil Menschen und Tiere von der Natur so „programmiert" sind, dass sie bei Angst in Alarmbereitschaft versetzt werden, um eventuell drohenden Gefahren entgehen zu können. Dieses natürliche Alarmsystem hatte in unserer Entwicklungsgeschichte einen lebensrettenden Sinn.

Mein Tipp: Wenn Sie Ruhe, Stille und Leere derzeit nicht gut ertragen können, weil dann sofort Sorgen, Ängste und Grübeleien aufkommen, richten Sie den Blick nach außen auf andere Menschen und werden Sie aktiv. Kommen Sie in Bewegung, gehen Sie spazieren, fahren Sie Fahrrad oder Ähnliches, auch wenn es Sie Überwindung kostet. Versuchen Sie auch, sich auf Ihre Körperempfindungen zu konzentrieren.

PROTOKOLL ZUR SELBSTREFLEKTION: Was mir meine Gefühle sagen wollen

* Was würde denn geschehen, wenn Sie häufiger mal Ihre „Störgefühle" zulassen würden?

___

___

___

* Bewirkt das Gefühl (Wut, Angst oder Ähnliches) eine Veränderung Ihres Tuns?

___

___

___

* Bewirkt Ihre Äußerung des Gefühls eine Veränderung im Tun eines anderen oder mehrerer anderer Menschen?

___

___

___

* Wie möchten Sie zukünftig mit Störgefühlen umgehen? Welche Ihrer Fähigkeiten und Strategien könnten Sie nutzen, um sich selbst bei der Glücksmetamorphose zu unterstützen?

___

___

___

Lassen Sie sich ins Gleichgewicht leiten

Loslassen heißt immer auch, zu hoffen und etwas zu versuchen. Der Kontakt zum Schmerz, zum Leid und zum Verlust braucht dabei auch seinen Raum. Wenn wir Kummer und Leid zulassen, liebevoll anschauen und bearbeiten, können auch diese Gefühle irgendwann zur Ruhe kommen.

Wenn wir uns von unseren Gefühlen leiten lassen, werden sie uns schließlich in unser inneres Gleichgewicht führen. Sie zeigen uns an, ob wir noch auf dem richtigen Weg zu mehr Lebensfreude sind, worin unsere vorrangige Aufgabe besteht, und ob wir aus eigenen Motiven heraus handeln.

Wie schon gesagt: Der eigentliche Sinn unserer Gefühlswelt ist es, uns entweder durch positive Gefühle im Gleichgewicht zu halten oder uns durch die negativen Gefühle wieder in den inneren Frieden zurückzuführen. Beispielsweise, indem man etwas annimmt, verzeiht oder Schuld abträgt. Das Loslassen wirkt dann wie eine Befreiung und ermöglicht es, die Haltung der Abhängigkeit in eine Haltung der kreativen Lebensneugestaltung zu verwandeln.

Die Vergangenheit können wir nicht ändern. Wer aber beginnt, Verzeihung zu üben, wird andere Menschen nicht als Feinde wahr-

AFFIRMATION:
Affirmation, um heil zu werden

Probieren Sie an dieser Stelle wieder die Wirkung passender Affirmationen aus (mehr dazu auf Seite 180).
Wie wäre es mit: „Ich war verwundet und entscheide mich nun für das Heilwerden."
Oder: „Ich wurde enttäuscht, nun verzeihe ich, um selbst frei zu werden."
Finden Sie die Formulierung, die sich für Sie richtig anfühlt.

nehmen, sondern Verständnis dafür aufbringen, dass Menschen Ecken und Kanten haben. Insofern liegt es an jedem selbst, sich weiter als Opfer fühlen zu wollen oder aus diesem Spiel auszusteigen.

Durch eine solch neue Sicht gehen uns die vielen kleinen und großen Ausreden für die Vermeidung aus. Zum Beispiel kann man sich dann nicht mehr hinter anderen verstecken: „Mein Mann wollte einfach nicht, dass ich arbeiten gehe." gilt dann ebenso wenig wie: „Ich kann ja nicht, wegen der Kinder."

Leider ist die Sprache der Gefühle nicht immer so einfach zu entschlüsseln. Häufig ergeben die Signale unserer Gefühlswelt erst im Nachhinein einen Sinn. Aber selbst dieser Sinn dahinter kann uns nicht den Schmerz nehmen, mit dem solche Gefühle und Lebensphasen einhergehen.

Sind wir jedoch wieder im inneren Gleichgewicht angekommen, spüren wir deutlich, dass uns für alle unsere Aufgaben genug Mut, Kraft und Handlungsstärke zur Verfügung steht. Wir sind herausgefordert ohne uns aufzureiben. Im inneren Gleichgewicht ist man sich selbst wieder treu und es ergeben sich häufig neue Lösungsmöglichkeiten, selbst für die schwierigste Festhalteproblematik.

Frank und Claudia: Ein großer Verlust

Frank und Claudia (siehe Seite 19) hatten sich nach der ersten großen Überraschung mit ihrer späten Elternschaft arrangiert und waren schließlich voller Vorfreude auf ihr Kind, als Claudia im vierten Schwangerschaftsmonat eine Fehlgeburt erlitt.

Claudia: „Es war, als wär ein Teil meiner Seele mit meinem Kind fortgegangen. Mir war kalt und ich wollte mich für immer verkriechen. Es gab so viele Tränen zu weinen und so viel Traurigkeit in mir. Meine Wut kam dann später. Irgendwann habe ich wie eine Verrückte begonnen, den Garten umzugestalten und ein kleines Grab angelegt. Neben dem Platz in meinem Herzen brauchte ich noch einen äußeren Ort, um zu trauern. Dieser Ort ist mir ein Trost und ich konnte meine Verzweiflung loslassen."

ÜBUNG: *Trauer, Enttäuschung, Kummer - wie Unruhestifter zu Unterstützern werden*

Ziel und Wirkung der Übung:

Anzuerkennen was ist, bereitet den Lösungsprozess vor. Die Annahme von Enttäuschungen, das Betrauern, Verabschieden und Verzeihen im Loslass-Geschehen bewirkt eine körperliche und geistige Lösungsaktivität. Trost bringt Erleichterung, auch körperliche Beschwerden werden gemildert.

So wird's gemacht:

Suchen Sie sich einen Raum, in dem Sie sich wohlfühlen und eine Zeit lang ungestört sein können. Statten Sie diesen Raum noch etwas mehr für sich aus, vielleicht mit Kerzen, Düften oder auch mit Gegenständen, die Sie an das erinnern, was Sie mit Ihrem Gefühl verbinden. Wenn es Ihnen möglich ist, legen Sie sich hin oder machen es sich in einem Schaukelstuhl bequem.

Dann nehmen Sie den vollen Kontakt mit Ihrem Leid auf, mit den Gefühlen der Trauer und Enttäuschung. Lassen Sie vor Ihrem geistigen Auge entstehen, wen oder was sie loslassen wollen, und lassen Sie Ihr inneres Leid vor Ihrem inneren Auge deutlicher werden. Geben Sie den damit verbundenen Ereignissen ihren Raum, den Personen, der Umgebung, der Atmosphäre. Lassen Sie die Gefühle so weit an sich heran, wie es Ihnen möglich ist. Nehmen Sie auch die Gedanken wahr, die dieses Geschehen begleiten. Nehmen Sie Ihre Wünsche wahr, Ihre Impulse, Sehnsüchte und Träume.

Spüren Sie nun in Ihren Körper hinein: Vielleicht macht sich Ihr Leid auch körperlich bemerkbar, so als hätten Sie einen Knoten im Bauchraum, oder Sie fühlen ein Stechen im Herzen. Beginnen Sie Ihre Atmung dem Rhythmus Ihres Gefühls anzupassen und stellen Sie sich vor, wie Sie bei jedem Einatmen Ihre Seele streicheln, und wie sich bei jedem Ausatmen löst, was sich verfestigt hat.

Bei jedem Ausatmen lockern sich nun die körperlichen Verfestigungen etwas mehr, sie werden immer weniger und lösen sich weiter und weiter auf. Jedes Einatmen bringt Ihnen etwas mehr Trost, Linderung und Erlösung.
Was auch immer geschieht, ist in Ordnung. Vielleicht bahnen sich lang unterdrückte Tränen ihren Weg nach draußen, ein Klagelaut oder ein Schluchzen.
Dann lassen Sie Ihre Gefühle und Gedanken wieder ziehen. Wenn es Ihnen möglich ist, verabschieden Sie sich liebevoll von ihnen und finden Sie einen Abschiedssatz, etwa: „Es ist, wie es ist."
Schauen Sie anschließend wohlwollend auf sich und auf Ihr Loslass-Geschehen und fragen Sie sich:
Wie geht es mir jetzt?
Was bleibt zurück?
Was schmerzt noch?
Was brauche ich, um meinen Seelenfrieden wiederzufinden?
Was gibt es Gutes in meinem Leben?

Spüren Sie die Botschaft, die Ihre Gefühle Ihnen senden, und bedanken Sie sich dafür. Finden Sie Ihren persönlichen Dankessatz, wie etwa: „Danke, dass ihr mich daran erinnert, besser für mich zu sorgen."

Was noch helfen kann:
Vielleicht können und wollen Sie Ihren Gefühlen noch auf andere Weise Ausdruck verleihen: Malen und gestalten Sie, was Sie bewegt. Finden Sie Ihre Worte dafür, Ihre Bewegungen oder Ihren Tanz, Ihre Töne oder Ihr Lied.
Wichtig dabei ist: Nichts davon muss „schön" oder besonders „gelungen" sein. Es geht bei dieser Übung einzig und allein darum, nach außen zu tragen, was innen zu viel ist. Auch ein persönliches Ritual kann hilfreich sein oder eine Naturerfahrung. Finden Sie heraus, wer oder was Sie tröstet, wo Sie sich geborgen fühlen, was Ihren Schmerz lindert und Ihnen hilft.

Warum wir festhalten, was vergangen ist

Das, woran wir festhalten, ist häufig noch mit der Vorstellung guter Gefühle verbunden. Und jeder hat dabei seine eigenen Strategien: Bei Paaren, die sich auseinandergelebt haben, kann ich immer wieder feststellen, dass die einen in einer lethargisch abwartenden Haltung versinken, während andere in geschäftiger Emsigkeit alles Mögliche um die Partnerschaft herumbauen. Während sich die einen nichts mehr zu sagen haben, sich von ihren Gefühlen quasi abschneiden und einfach so ohne Erwartung besserer Zeiten in den Tag hinein leben, beginnen andere Paare, sich gemeinsam ein Haus zu bauen, ein Kind in die Welt zu setzen, eine gemeinsame Geschäftsidee umzusetzen...

Sie tun das, um festzuhalten, was eigentlich schon längst fort ist: das Gefühl füreinander. Und wenn man einmal viel Gefühl füreinander hatte, sich vom anderen akzeptiert und angenommen fühlte, gibt man das nicht gern auf. Denn solche Gefühle von Freude, Wohlbefinden und Sicherheit wünschen wir uns alle.

Gerade, wenn eine Beziehung endet, wird das sehr deutlich: Nicht immer kommen ja beide Partner zur gleichen Zeit zu dem Entschluss, sich voneinander zu trennen. So bringt der Gedanke an eine mögliche Trennung häufig bei demjenigen, der die Beziehung erhalten möchte, viele unangenehme Gefühle mit sich: die Angst vor dem, was dann kommen wird, vielleicht die Angst, nie wieder einen anderen Partner zu finden. Trauer über den Verlust der Beziehung, Wut auf sich selbst und auf den anderen, vielleicht sogar Eifersucht auf eine neue Liebe des Partners.

Solche negativen Gefühle wollen wir nicht spüren, nicht zulassen, nicht annehmen. Doch wenn wir sie unterdrücken, unterdrücken wir auch die Kraft und Lebendigkeit, die sie mit sich bringen. Innerlich gibt es ein Erdbeben, das man nach außen geheim halten will. Viele Menschen glauben, einen solchen inneren Zustand kaum aushalten zu können. Manche gehen in den Widerstand, in die Vermeidung, in eine

Abwehr gegen die seelische Aufgabe, die eigentlich anstünde: das Loslassen. Eine solche Vermeidungsstrategie fungiert in manchen Fällen als seelischer Schild, als Schutz. Für einen gewissen Zeitraum ist das auch sinnvoll, weil es einem Menschen durch eine besonders schwierige Situation hilft.

Hält dieser Zustand jedoch länger als nötig an, verhindert er eine seelische Reifung und den inneren Wachstumsprozess. „Man wächst an seinen Aufgaben", heißt es im Volksmund. Genau so ist es: Wenn es die Aufgabe ist, eine desolate Beziehung loszulassen oder anders zu gestalten, dann hilft es dem Menschen nicht weiter, in der Abwehr zu verharren. Was er jetzt braucht, ist eine Auseinandersetzung mit sich selbst auf der Gefühlsebene. Einfacher scheint es in dieser Situation oft erst einmal, die Schwierigkeiten auszublenden und so zu tun, als gäbe es sie nicht. Aber das macht das Leben an anderen Stellen entscheidend schwieriger. Die verdrängten Gefühle bleiben in unserem Gepäck.

Die schweren Dinge im Rucksack: Unerledigtes stört die Gegenwart

Auf unserem Lebensweg haben wir so viele Aufgaben zu lösen und so viele Probleme zu bewältigen, dass wir nicht immer alles zum rechten Zeitpunkt zu Ende bringen können. So manches Thema bleibt daher unerledigt im Hintergrund. Gelegentlich wissen wir auch gar nicht, wie ein Problem gelöst werden könnte und lassen es aus diesem Grund unbearbeitet.

In meine psychotherapeutische Praxis kommen viele Klienten bereits mit „eigenen Diagnosen". Sie meinen, schon klar definieren zu können, was ihnen „fehlt". Doch während des ersten Gesprächs wird oft schon deutlich, dass es viel zu erzählen gibt, und dass alles irgendwie miteinander verwoben zu sein scheint. In weiteren Gesprächen ergeben sich Zusammenhänge, die vorher für den Betreffenden nicht offensichtlich waren und die er durch die Fokussierung auf sich selbst nun nach und nach wahrnehmen kann.

Häufig überlagern alte Erfahrungen eine aktuelle Situation. Anders gesagt: Unerledigte Probleme, die wir in den Hintergrund gedrängt haben, stören unser aktuelles Lebensgeschehen im Vordergrund. Wir hängen an Situationen, Menschen oder Materiellem fest, weil die zugehörigen Themen für uns noch nicht wirklich verarbeitet sind. Aber je mehr ungenügend verarbeitete, seelische Altlasten wir ansammeln, umso schwerer wird unser Rucksack, den wir immer mit uns herumschleppen müssen. Alles, was nicht ausreichend verarbeitet wurde, wirft von der Vergangenheit aus seine Schatten bis in die Gegenwart. Wenn wir also nicht auf diesen oft verborgenen Hintergrund schauen, laufen unsere Schattenthemen stets weiter mit uns, bis die Zukunft zur Gegenwart wird.

Woran wir unsere Schattenthemen erkennen

Es reicht nicht, sich Probleme, Schwierigkeiten oder Hindernisse bewusst zu machen. Auch die Schattenthemen, die unser Denken, Fühlen und Handeln im Loslass-Geschehen mitbestimmen, sollten als solche erkannt und benannt werden, damit wir im Hier und Jetzt Lösungen finden können. Ansonsten sammeln wir mehr und mehr Seelenmüll an, der unser Inneres so ausfüllt, dass das Schöne, der Optimismus oder die Lebensfreude kaum noch Platz finden.

Mitbringsel aus der Vergangenheit

Manchmal messen wir alten Dingen, alten Überzeugungen oder alten Gewohnheiten eine Bedeutung zu, die ihnen gar nicht mehr zusteht. Auch diese überholten Aspekte haben oft mit unserer Kindheit zu tun: Vielleicht haben unsere Bezugspersonen ständig betont, wie wichtig etwas für uns ist, ob das so aber noch in unser aktuelles Lebenssystem passt, sollten wir immer wieder einmal kritisch überprüfen.

So kann es für Eltern zum Beispiel enorm wichtig sein, dass ihr Kind studiert, weil sie selbst nie die Chance dazu hatten. Das Studium wird glorifiziert und zur einzigen Möglichkeit stilisiert, im Leben etwas zu erreichen. Alles andere ist „nichts". Für das Kind scheint dies dann auch so: Das Studium wird zum einzig möglichen Weg, „etwas" zu werden. Auch eine frühere Kränkung kann uns lange beschäftigen, wenn sie uns im Kern unserer Person trifft. Die Kindheit hat auch noch Auswirkungen auf unser Erleben als Erwachsene. Daher kann es wichtig werden, in der eigenen Geschichte und manchmal auch in der Geschichte unserer Bezugspersonen nach dem zu forschen, was uns geprägt hat. So kann man sich selbst vor seinem eigenen familiären Hintergrund besser einordnen, ebenso aber auch eigene Wertvorstellungen, Erwartungshaltungen und Denkgewohnheiten.

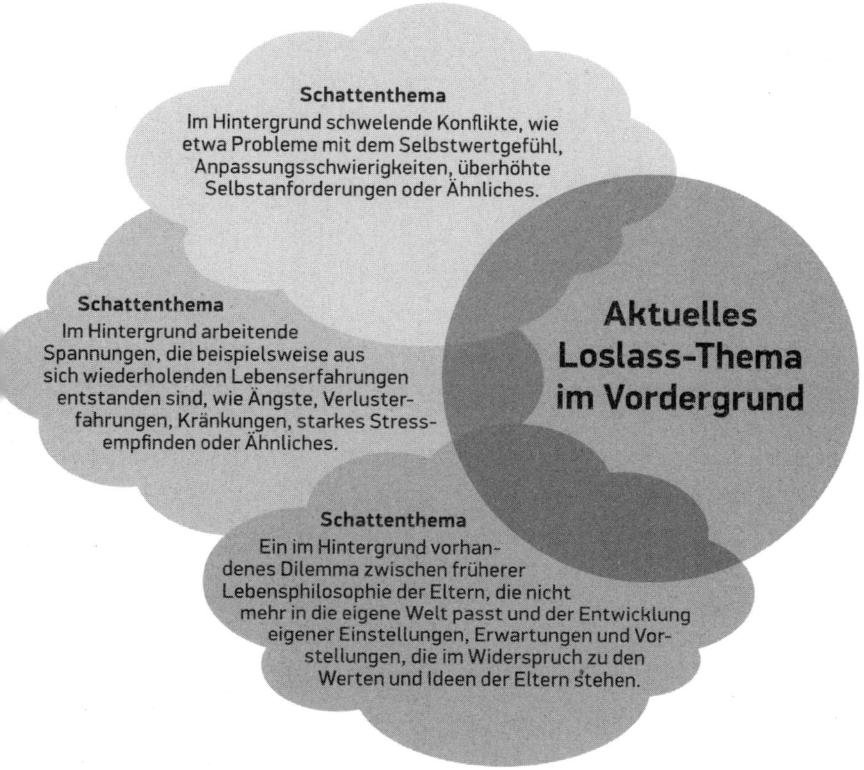

ÜBUNG:
Eigene Schattenthemen aufspüren

Ziel und Wirkung der Übung:
Eine offene und ehrliche Bestandsaufnahme alter Festhalte-Themen sowie deren Auswirkungen auf die Gegenwart.

So wird's gemacht:
Welche besonderen Situationen gab es in Ihrem Leben? Welche Schatten nehmen Ihnen heute das Licht? Schreiben Sie alles auf, was Ihnen dazu einfällt.
Gehen Sie dafür gedanklich einmal Zeitabschnitt für Zeitabschnitt in Ihrem Leben zurück. Was war Ihr letztes Loslass-Thema und wann war das genau? Tragen Sie dieses Ereignis auf der Loslass-Linie unten ein. Vielleicht haben Sie vor einiger Zeit Ihre Arbeitsstelle gekündigt, eine Beziehung beendet, einen Vorsatz gefasst. Tragen Sie von der Jetzt-Zeit ausgehend ein – also von oben nach unten – welche Loslass-Themen Sie in der Vergangenheit zu bewältigen hatten.

Meine Loslass-Lebenslinie:

70 Jahre	
60 Jahre	
50 Jahre	
40 Jahre	
30 Jahre	
20 Jahre	
10 Jahre	
Geburt	

Suchen Sie nun nach einem Oberbegriff für Ihre Themen. Vielleicht zeigt sich durch mehrere Ihrer Festhalte-Themen an den verschiedenen Stationen des Lebens immer wieder das gleiche Hintergrundthema? Welche alte Problematik steckt hinter Ihrem vordergründigen Thema? Es können auch mehrere Schattenthemen sein, die Sie heute noch in Ihrem Denken, Fühlen, Erleben und Handeln beeinflussen.

Lisa und der Schattenmann

Lisa ist sehr traurig und möchte gern ergründen, warum sie sich in Beziehungen wie ein Klammeraffe verhält. Daher trägt sie erst einmal alle wichtigen Stationen ihres Lebens auf einer Lebenslinie ein. Im Überblick fällt ihr auf, dass sie vorwiegend Beziehungsabbrüche eingetragen hat, Menschen, die plötzlich und unerwartet nicht mehr für sie da sein wollten. Am Ende der Linie im Zeitabschnitt des Kleinkindalters hat sie eingetragen: „Vater verlässt uns." Lisa wuchs allein bei ihrer Mutter auf, ohne Kontakt zum Vater. Dass sie keinen Vater an ihrer Seite hatte, macht ihr heute nichts mehr aus, meint sie. Doch die Art, in der sie ihre Beziehungen gestaltet, zeigt etwas anderes: Durch Lisas Leben zieht sich das eine schmerzliche Schattenthema, das heute noch immer ihr Verhalten bestimmt. Lisa hält an der Angst fest, verlassen zu werden!

Was könnte Lisa für ihre Gefühlswelt tun?

* Lisa könnte sich darauf besinnen, welche Stärken ihr das Leben ohne einen Vater an ihrer Seite mitgegeben hat.
* Lisa könnte ihre Sehnsucht nach dem nie dagewesenen Vater zulassen und betrauern.
* Sie könnte ihre Angst davor, verlassen zu werden, in einer neuen Beziehung zulassen und sich mit ihr auseinandersetzen.
* Lisa könnte in neu beginnenden Beziehungen immer wieder ihre Gefühlswelt überprüfen, um festzustellen, an welchen Stellen sich das alte Schattenthema mit aktuellen Gefühlen vermischt. So könnte sie lernen, beides voneinander zu trennen.

PROTOKOLL ZUR SELBSTREFLEKTION: Ich kann loslassen, wenn ...

Versuchen Sie nun, zu ergründen, welche Voraussetzungen Sie brauchen, um zum Loslassen bereit zu sein. Sammeln Sie dafür Ideen, indem Sie sich selbst sagen: Ich kann loslassen, wenn ich die folgenden Bedingungen verändern kann:

IDEE 1

IDEE 2

IDEE 3

Wenn ich die Bedingungen nicht verändern kann, kann ich meine Einstellungen zu meinem Loslass-Thema verändern, indem ich:

IDEE 1

IDEE 2

IDEE 3

Stellen Sie sich zwischendurch auch immer wieder einmal die Frage: Welche Vorteile habe ich davon, dass ich noch festhalte? Vielleicht sind diese Vorteile ja noch zu groß, um sie aufgeben zu können.

TEST: Sind Sie bereit für den nächsten Schritt?

Bitte kreuzen Sie an, was zutrifft und geben Sie sich folgende Punkte: eher nicht = **1 Punkt,** manchmal = **2 Punkte,** meist ja = **3 Punkte.**

Aussage	eher nicht	manch-mal	meist ja
Ich fühle mich stark genug, auch meine belastenden Gefühle aushalten zu können.	☐	☐	☐
In belastenden Situationen kann ich mich selbst gezielt durch eine Atemübung oder Ähnliches beruhigen.	☐	☐	☐
Meine Gefühle kann ich durch Übung mehr und mehr steuern.	☐	☐	☐
Ich kann auch mal weinen, wenn mir danach ist.	☐	☐	☐
Ich kann ganz gezielt meine positiven Gefühle hervorrufen.	☐	☐	☐
Ich erkenne mein vorrangiges Gefühl und weiß, was es mir sagen will.	☐	☐	☐
Ich bin motiviert und habe genug inneren Antrieb, um den nächsten Schritt zu gehen.	☐	☐	☐
Wenn ich ärgerlich bin, wende ich mich an den richtigen Adressaten.	☐	☐	☐

Aussage	eher nicht	manch-mal	meist ja
In meinem Alltag bin ich durch mein Loslass-Thema nicht eingeschränkt.	☐	☐	☐
Ich achte auf eigene körperliche Spannungen und nehme sie wahr.	☐	☐	☐
Meine Festhalte-Themen entsprechen von der Intensität und Bedeutung etwa denen in diesem Buch beschriebenen Beispielen.	☐	☐	☐
In belastenden Situationen kann ich mich gezielt beruhigen.	☐	☐	☐
Meine Gefühle stehen in direkter Wechselwirkung mit meinem Körper.	☐	☐	☐
Hauptsächlich bin ich selbst für meine Gefühle verantwortlich, ich mache mich diesbezüglich nicht von anderen abhängig.	☐	☐	☐
Ich durchlaufe den Loslass-Prozess recht intensiv, auch wenn ich dabei immer wieder einmal meine Wut spüre, mich ängstlich oder unwohl fühle.	☐	☐	☐
Es ist, wie es ist: Von nun an mache ich das Beste aus meiner Situation.	☐	☐	☐
Von meinem Empfinden her bin ich schon fast wieder im inneren Gleichgewicht.	☐	☐	☐

Aussage	eher nicht	manch-mal	meist ja
Auch unangenehmen und dunklen Gefühlen fühle ich mich gewachsen.	☐	☐	☐
Beim Loslassen erarbeite ich mir zunehmend mehr wohltuende Gelassenheit.	☐	☐	☐
Bis hierher habe ich viel gelernt und sehe einige Erfolge im Verlauf meines bisherigen Loslass-Prozesses.	☐	☐	☐

Auswertung

45 bis 60 Punkte
Herzlichen Glückwunsch! Sie sind in einem guten Kontakt mit Ihrer Gefühlswelt und können Ihr Gefühlsspektrum nutzen. Sie scheuen sich nicht, Gefühle zu zeigen, dafür haben Sie hart an sich gearbeitet! Sie haben sich Ihr ganzes Gefühlsspektrum zu eigen gemacht. Den größten Teil des Loslass-Prozesses haben Sie schon hinter sich: Starten Sie zu mehr Lebensfreude!

30 bis etwa 44 Punkte
Sie sind auf einem guten Weg. Sie bemühen sich in vielen Punkten um Ihre Gefühlswelt, aber es wäre für Sie noch vorteilhafter, wenn Sie nun noch eine Zeit lang festigen würden, was Sie sich schon angeeignet haben. Besonders das willkürliche Umschalten auf die Unterstützergefühle würde Ihnen gut tun. Denken Sie daran: Loslassen braucht Zeit. Wenn Sie beim Loslassen zu schnell weitergehen, übergehen Sie möglicherweise einen wichtigen Teilprozess, der sich dann irgendwann später wieder zu Wort meldet, wenn Sie es gar nicht brauchen können.

20 bis 29 Punkte

Überprüfen Sie sich bitte noch einmal: Sind Sie wirklich mit einer positiven Einstellung Stück für Stück den Weg des Loslassens gegangen? Es hilft nichts, alles theoretisch gut zu durchdenken, aber dann nicht danach zu handeln. Blockieren Sie sich vielleicht selbst immer wieder? Bitte fragen Sie sich ganz konkret, ob Sie eventuell Vorteile aus dem Festhalten ziehen. Welche Vorteile könnten das sein?

Wenn Sie weiterhin keine Veränderungsmöglichkeiten für sich entdecken, schauen Sie doch bitte auf den Selbstcheck am Ende des sechsten Kapitels (siehe Seite 181). Es könnte hilfreich sein, sich professionelle Begleitung für das Loslassen zu suchen. Sie finden dazu auch Informationen im Kasten unten.

Hilfe finden

Wer Hilfe sucht, kann sich an seinen Hausarzt oder seine Krankenkasse wenden. Diese Stellen helfen bei der Suche nach geeigneten Anlaufstellen oder Psychotherapeuten. Kostenlose Hilfe bieten auch Beratungsstellen an, viele Selbsthilfegruppen sowie die Telefonseelsorge.

Wer ganz spezielle Methoden oder Berater sucht, oder wem die Wartezeiten zu lang sind, der kann sich über das Internet Alternativen als Selbstzahler suchen. Das Angebot ist vielfältig. Auch bei Psychologischen Beratern und Heilpraktikern für Psychotherapie gibt es im Internet eine große Angebotspalette. Allerdings sollten Sie sich in jedem Fall genau über die Qualifikation des Anbieters informieren.

Bei beruflichen Themen kann man gezielt nach einem Supervisor oder nach einem Coach suchen.

In jedem Fall sollten Sie ein gutes Gefühl im persönlichen Kontakt zu Ihrem Gesprächspartner haben.

Ritualarbeit: Dank an das große Ganze

Wozu dieses Ritual dient:
Dieses Ritual bietet eine Struktur, um innerlich zur Ruhe zu kommen, um sich auf eine höhere Ordnung zu besinnen, sich zu öffnen, sich in Vertrauen zu üben und als Teil der Welt zu erleben.

So wird's gemacht:
Begeben Sie sich in die Natur an einen Ort Ihrer Wahl, mit dem Sie Angenehmes verbinden, den Sie mit Vertrauen, Stärke und Hoffnung verbinden. Suchen Sie sich einen Baum, der für Sie Vertrauen, Stärke und Hoffnung verkörpert. Nehmen Sie Kontakt auf, betasten Sie seine Rinde, fühlen Sie seine Blätter und spüren Sie seine Lebenskraft.

Setzen Sie sich nun zu ihm und lehnen sich mit dem Rücken an seinen Stamm. Nun sprechen Sie einen Dank an das große Ganze.

Dank an das große Ganze

Ich danke der Erde, dass sie mich trägt.
Ich danke dem Feuer, dass es mich erleuchtet.
Ich danke der Luft, dass sie mich versorgt.
Ich danke dem Wasser, dass es mich reinigt.
Aus all dem bin ICH geworden.

Ich danke meinem Körper, dass er mich trägt.
Ich danke meinem Verstand, dass er mich lehrt.
Ich danke meinem Gefühl, dass es mich rührt.
Ich danke meiner Seele, dass sie mich eint
Aus all dem bin ICH geworden.

In all das gehe ich wieder ein.
Ich bin ein Teil des großen Ganzen.
Alles hat einen Sinn.
Darauf vertraue ich und bedanke mich dafür!

Der vierte Schritt: Die innere Befreiung

Das Loslassen enthält zwei Angelpunkte des gleichen Geschehens. Einerseits bedeutet es die Entbindung vom Alten, andererseits die Öffnung für das Kommende. Endgültig mit etwas Altem abzuschließen fällt leichter, wenn man sich neu ausrichten kann. Was könnte die Leere füllen, die das Losgelassene in Ihrem Leben hinterlässt?

> *Die Freude steckt nicht in den Dingen, sondern im Innersten unserer Seele.* THERESE VON LISIEUX

Der vierte Schritt im Überblick

Es braucht die Veränderung, um wieder den Weg ins Glück zu finden. Das Loslassen und Glücklichwerden geschieht, indem wir den Gedanken daran zulassen, uns selbst beobachten und reflektieren, eine Zeit lang aushalten, was schmerzt, vielleicht Verluste betrauern, wieder ins Gleichgewicht finden und anschließend vor unserem neu erworbenen Hintergrund Neues zulassen. Ganz nebenbei schulen wir damit unsere Verhaltensflexibilität. Denn je mehr Möglichkeiten wir uns erschließen, um auf Situationen zu reagieren, umso leichter fällt es uns, Herausforderungen des Lebens zu meistern! Lebensfreude kann wieder in den Mittelpunkt der Gegenwart einziehen.
Mit der Beseitigung innerer Blockaden und der Befreiung aus einer starren Haltung wird es zunehmend möglich, das innere Gleichgewicht auszutarieren. Aus der Balance heraus geben Sie Ihrem Festhalte-Prozess im Nachhinein einen Sinn. Vergangenes ist von nun an vergangen und kann ruhen. Die Welt hat plötzlich viel Neues zu bieten. Es gilt eine Fülle an Lebensfreude zu entdecken!

Visualisierung: Abheben

Stellen Sie sich vor, Sie möchten mit einem Heißluftballon zu einer Fahrt über die Landschaft starten.
Sämtliche Vorbereitungen sind getroffen. Die Wind- und Wetterverhältnisse stimmen. Nun wollen Sie abheben und die Fahrt genießen, die Welt einmal von oben betrachten.
Der Ballon kann natürlich erst starten, wenn die Sicherheitsleine gelöst ist und die Sandsäcke abgeworfen worden sind. Haben Sie aber erst einmal all Ihren Mut zusammengenommen und sich von all dem getrennt, was Sie und den Ballon noch am Boden hält, beginnt für Sie ein unaufhaltsamer Aufstieg.
Vielleicht ist dies anfänglich noch mit einem mulmigen Gefühl verbunden, weil Sie sich dem Ballon, dem Wind und dem Wetter anvertrauen und die Kontrolle abgeben müssen. Doch je weiter Sie schweben, desto mehr verflüchtigt sich Ihre Unsicherheit. Und dann, wenn Sie die richtige Höhe erreicht haben, verspüren Sie wunderbare Leichtigkeit und unendliche Freiheit.
Von weit oben aus der Vogelperspektive sieht die Welt plötzlich ganz anders aus. Probleme, die anfangs so groß schienen, werden immer kleiner, je höher der Ballon steigt. Sie haben einen Überblick über das Ganze und dennoch ein Gefühl des Losgelöstseins von allem. Unbeschwert und frei genießen Sie jeden Moment Ihrer Fahrt.
Ähnlich verhält es sich mit unserem Loslass-Prozess: Erst wenn wir die Dinge loslassen, die uns quälen, können wir das Leben aus einer anderen Perspektive heraus betrachten, uns frei und ungezwungen fühlen.
Die Belohnung für den Mut zum Loslassen ist die Freiheit. Genießen Sie Ihren Ausflug in die Lüfte!

PROTOKOLL ZUR SELBSTREFLEKTION: Was läuft in Ihrem Leben schon ganz gut?

* Wie haben Sie es geschafft, neben Ihrer Loslass-Problematik noch einige andere Dinge in Ihrem Leben zu regeln, zu steuern, zu bewältigen?

___

___

___

* Welche kleinen positiven Sachen können Sie sich trotz Ihrer Loslass-Problematik gönnen?

___

___

___

* Auch wenn Ihnen Ihr Leben vielleicht jetzt noch recht trist und grau erscheint: Welches sind die farbigen Zwischentöne, mit denen es Ihnen manchmal besser geht?

___

___

___

* Gibt es etwas, das in Ihrem Alltag insgesamt bisher ganz gut gelaufen ist?

___

___

___

* Was läuft in Ihrem privaten Leben, in Ihren Beziehungen, bisher ganz gut?

___

___

___

Wünsche, Bedürfnisse und Sehnsüchte erkennen

Damit dunkle Gefühle uns nicht so stark im Griff halten können, beschäftigen wir uns nun damit, wie wir aus dem Loslassen heraus wieder in positive Gefühlszustände finden. Wer gut auf seinen Körper und seine Seele achtet und sein Handeln danach ausrichtet, wird nicht warten, bis sich angestaute Gefühle in Ausbrüchen entladen oder sich durch innere Unruhe oder gar Krankheiten zeigen.

Körper, Geist und Seele wollen gleichermaßen gepflegt werden. Dazu ist es wichtig, sich mit seinen eigenen Wünschen, Sehnsüchten und Bedürfnissen zu beschäftigen. In manche Festhaltesituation gelangen wir, weil wir bestimmte Lebensvorstellungen von der Außenwelt übernehmen. Wie wir sein sollen, wie wir zu leben haben … Eigene Wünsche und Bedürfnisse werden hintenan gestellt oder sie wurden von vornherein schon nicht so gefördert, dass wir sie gut spüren können. Wer sich selbst aber immer wieder übergeht, riskiert langfristig seine seelische und körperliche Gesundheit. Wer dagegen ein gutes Gespür dafür entwickelt, wann er Ruhe braucht, wann Kreativität, partnerschaftliche Nähe, berufliche Anerkennung oder einfach Urlaub, und dann auch noch darauf achtet, dies auch zu bekommen, sorgt gut für sich: Er wird schwierige Zeiten besser durchhalten.

AFFIRMATION: Unterstützung für den vierten Schritt

Finden Sie auch für diesen Schritt eine Affirmation. Vielleicht: „Meinen Wünschen und Bedürfnissen gebe ich ab jetzt den Raum, den sie brauchen.“ Oder: „Ich spüre meine Lebensenergie.“ Finden Sie Ihre Affirmation und lassen Sie sich von ihr durch den vierten Schritt begleiten.

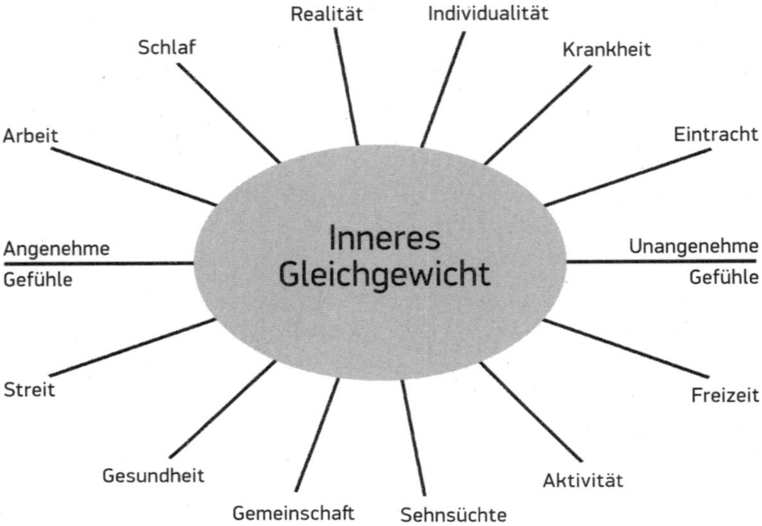

Was aber könnte es sein, was wir wirklich wollen und brauchen, um uns ausgeglichener, erfüllter und wohler zu fühlen? Es gibt einige Grundbedürfnisse, wie etwa das Bedürfnis nach Geborgenheit, Harmonie, Sexualität, Bestätigung oder Individualität. Die Gemeinschaft mit anderen Menschen tut uns ebenso gut wie das strukturierte Arbeiten und der körperliche Ausgleich von Aktivität und Ruhepausen. In der Übersicht oben sehen Sie, welche allgemeinen Bedürfnisse wir noch kennen. Diese müssen nicht gerechtfertigt werden, sie haben eine natürliche Daseinsberechtigung.

Schon wenn wir ein eigenes Bedürfnis erkennen können, öffnen wir uns damit ein Tor zu wohltuend Neuem. Allerdings fällt das im Alltag oft gar nicht so leicht: Viel zu viele Verpflichtungen wollen erfüllt werden. Für unser eigentliches „Selbst“, das unter den Anforderungen des Alltags ächzt, bleibt da kaum Zeit. Wir verbrauchen viel Kraft, um den Vorgaben anderer zu genügen. Im Festhalte-Geschehen steht hinter dunklen Gefühlen oft ein unerfülltes Bedürfnis. Und dem sollten wir nachgehen, denn in jedem Fall macht uns die Suche nach unseren Sehnsüchten und Bedürfnissen bewusster: selbst-bewusster.

Die Signale des Körpers beachten

Wer auf seinen Körper achtet und dessen Signale zu deuten weiß, hört gleichzeitig der Seele zu. Immer wiederkehrende Beschwerden können einen seelischen Anteil haben. Kopfschmerzen oder häufige Erkältungskrankheiten können Hinweise sein. Ständige Rückenprobleme sind vielleicht ein Überbleibsel aus einer Zeit, in der man eine schwere Last zu tragen hatte, Kopfschmerzen noch eine Reaktionsmöglichkeit aus alten Tagen: Sie nebeln uns ein und verschaffen uns die Möglichkeit, inmitten der Hektik zu rasten. Wer übt, seine Gefühle rechtzeitig zu beachten, kann aus diesem selbstschädigenden Verhalten aussteigen. Bei schwereren Erkrankungen spielen jedoch auch viele weitere Einflüsse eine Rolle, etwa die genetische Veranlagung, Schadstoffe aus der Umwelt, Alter, Ernährung und unzählige andere mögliche Ursachen. Wichtig ist: Niemand hat „Schuld" an seiner Erkrankung!

Das Sinnvollste, was man tun kann, ist vorzubeugen und sich selbst pfleglich zu behandeln: Gönnen Sie sich die Ruhe, die Sie benötigen, um sich auf das Loslassen zu besinnen und sich den guten Gefühlen zuwenden zu können. Gerade wenn wir viel Kraft und Energie in einen Bereich des Lebens investieren, brauchen wir Erholungszeiten!

EXPERIMENT:
Das Symptom befragen

Wenn Sie wieder einmal unter Verspannungen, Rücken- oder Kopfschmerzen leiden, fragen Sie doch einmal das Symptom, was es Ihnen mitteilen möchte. Vielleicht so: „Schön, dass du dich auch mal wieder meldest. Wenn Du sprechen könntest, was würdest du jetzt wohl zu mir sagen?"
Und Ihr Symptom würde vielleicht etwas antworten wie: „Ich hau erst wieder ab, wenn du merkst, dass du gerade folgendes brauchst: ..." Was sagt Ihnen Ihr Symptom?

PROTOKOLL ZUR SELBSTREFLEKTION: Lassen Sie ungelebte Anteile lebendig werden

Horchen Sie einen Augenblick in sich hinein und lassen Sie einmal all das in Ihnen an die Oberfläche, was Ihnen gut täte.

Schließen Sie nichts aus, nur weil es vielleicht zu viel Zeit braucht, zu weit weg ist, zu teuer sein könnte oder weil jemand nicht mitspielen würde. Es geht einzig und allein darum, sich bewusst zu machen, was Ihnen gut tun könnte.

Wie müsste Ihr Leben sein, damit Sie sich darin wohler fühlen könnten? Geben Sie Ihren Bedürfnissen, Wünschen und Sehnsüchten einen Namen! Schreiben Sie auf, was Ihnen zu folgenden Aussagen und Fragen spontan einfällt:

* Was ich brauche, ist:

* Welche Sehnsüchte habe ich bisher nicht gelebt?

Welches Potential wartet in mir auf Befreiung?

* Was würde mir mehr Lebensfreude bringen?

* Was brauche ich, um das zu erreichen?

Gewinn bedeutet manchmal auch Verzicht

Einem Bedürfnis nachzugeben und sich beispielsweise regelmäßig Ruhe zu gönnen, bedeutet in vielen Fällen, an einer anderen Stelle auf etwas zu verzichten. Man muss eine Entscheidung für etwas und auf der anderen Seite gegen etwas treffen. Das kann eine Zeit lang mit einem schlechten Gewissen einhergehen.

Man muss sich entscheiden zwischen einer Pflichterfüllung und einer Bedürfnisbefriedigung, zwischen einer Familienfeier und der Einladung von Bekannten, zwischen einem netten Einkaufsbummel mit der Freundin und der Arbeit, die unbedingt noch zu erledigen ist. Zwei Sache gleichzeitig anzunehmen, funktioniert meist nicht. Doch wenn man die Entscheidung für oder gegen das eigene Bedürfnis trifft, hat man selbst den Kompass zur Lebensfreude in der Hand. Der Alltag bietet viele Möglichkeiten, gut für sich zu sorgen, wir müssen uns nur darin trainieren.

Es ist nicht immer einfach, für sich selbst einzustehen. Im Loslass-Prozess können Sie mit solch bewussten Entscheidungen immer wieder für Ihre innere Balance sorgen. Was Ihr Leben stört, sollten Sie nicht einfach wegschieben, sondern zuvor genauer betrachten. Im besten Fall finden Sie eine Möglichkeit, es anzunehmen und in Ihren Alltag zu integrieren.

Brigitte: eigene Bedürfnisse wahrnehmen

Brigitte geht es heute nicht gut, sie kommt gerade von einem Eingriff beim Zahnarzt. Auf dem Rückweg wollte sie einkaufen gehen. Aber Brigittes Gesicht fühlt sich betäubt an und ihr ist schwindelig. Ihr Bedürfnis ist es, sich eine Weile auszuruhen. Sie beschließt, den Einkauf morgen zu erledigen, auch wenn ihr Mann für das Abendessen dann selbst irgendwo einkaufen muss. Brigitte hat ihr Bedürfnis ernst genommen, hat aber nun ein schlechtes Gewissen.

Das Machbare sehen

Ab und zu ist es sinnvoll, die bestehenden Lebenspläne noch einmal zu überdenken. Beim Festhalten und Loslassen kommt man oft an diesen Punkt, denn die Pläne wurden meist zu einem Zeitpunkt geschmiedet, als die Umstände noch andere waren. Damals wurde sicher das eine oder andere Hindernis bedacht. Doch nicht jede Schwierigkeit, die sich uns im Leben in den Weg stellt, können wir tatsächlich einkalkulieren.
Das Leben bietet nicht immer die Möglichkeit, sich alles zu erfüllen, was man sich wünscht. Wird etwa ein Kind krank, ist seine Mutter gefordert: Selbstverständlich ist sie in einer solchen Situation dazu in der Lage, die eigenen Bedürfnisse aufzuschieben. Ähnlich ist es auch in Arbeitssituationen: Gibt es plötzlich Unmengen zu tun, kann man durchaus eine Zeitlang unter Hochdruck arbeiten.

Brigitte: Eigene Bedürfnisse leben

Als Brigitte sich mal wieder beklagt, ist ihre Tochter genervt: „Kein Mensch hält Dich davon ab, was für Dich zu tun, Mama. Tu doch einfach, was Du willst, aber hör endlich auf zu jammern.“ Brigitte fühlt sich zuerst gekränkt, doch dann merkt sie, dass sie gar nicht weiß, was sie wirklich will. Sie war so lange für da, dass sie sich selbst vergessen hat. Die Leere hat sie mit Süßigkeiten gefüllt.
Was Brigitte für sich tun könnte:
* in sich hineinspüren, welche Bedürfnisse sie hat,
* die Leere, die beim Loslassen (also dem Verzicht auf die Süßigkeiten) entsteht, mit etwas Angenehmem füllen.

Doch irgendwann braucht man den Ausgleich. Und manchmal auch eine andere Ausrichtung des gesamten Lebens, weil man die bisherigen Pläne ändern und an neue Lebensumstände anpassen muss. Zwanghaft positives Denken bringt einen an der Stelle nicht weiter, es setzt einen eher noch zusätzlich unter Druck. Wenn Sie die Lebensbedingungen nicht verändern können, verwenden Sie Ihre Kräfte darauf, die Gegebenheiten anzunehmen und so weit wie möglich nach Ihren Vorstellungen, Wünschen und Bedürfnissen zu gestalten.

Das Leben ist nicht kalkulierbar

Äußerst hilfreich kann es dann sein, eigene Ängste vor solchen Veränderungen direkt anzusprechen und sich ganz bewusst einmal in eine Lage zu versetzen, vor der man sich ängstigt. Stellen Sie sich daher ruhig auch für Ihren Loslass-Prozess solche Fragen:

* Wie sieht mein Leben in fünf Jahren aus, falls ich nichts ändere?
* Wie sieht mein Leben in fünf oder zehn Jahren aus, wenn ich kein Kind bekommen kann?
* Wie sieht mein Leben in fünf oder zehn Jahren aus, wenn ich keinen Weg finde, mich aus meiner zermürbenden beruflichen Situation zu lösen?
* Wie sieht mein Leben in fünf oder zehn Jahren aus, wenn ich mich nicht von meinem Mann trenne?

Es geht gar nicht darum, alles sofort hinzuwerfen oder auf der Stelle zu verändern, sondern darum, die Fantasie zu beflügeln, um kreative Möglichkeiten aufzuspüren. Nur so können wir erahnen, was im Leben sonst noch möglich wäre.

Claudia und Frank: der Abschied vom ungeborenen Kind

Nach vielen Gesprächen mit Fachleuten und Freunden hat Claudia für sich Erklärungen gefunden, mit deren Hilfe sie innerlich wirklich abschließen kann: „Mein Kind wäre nicht lebensfähig gewesen, meint meine Ärztin. Insofern ist es gut, dass wir eine kurze, aber intensive Zeit miteinander hatten. Schwangerschaft und Fehlgeburt haben mich dazu gezwungen, mich mit meiner Weiblichkeit auseinanderzusetzen. Vielleicht hätte es mich noch viel härter getroffen, wenn diese Auseinandersetzung erst mit der Menopause eingesetzt hätte. So konnte ich mich nach der Trauer letztlich frei für oder gegen eine neue Schwangerschaft entscheiden.“

Annehmen: Die innere Haltung verändern

Eine Situation anzunehmen ist dann sinnvoll, wenn wir nicht weiterkommen. Es kann auch sinnvoll sein, falls wir Ungerechtigkeit, Leid oder Schuld durch unseren aktiven Einsatz nicht mildern, Situationen partout nicht verbessern können. Da, wo wir unser Schicksal nicht verändern können, stoßen wir an Grenzen. Dann das anzunehmen, was ist, bedeutet auch, sich einzugestehen, dass nicht alles im Leben erreichbar ist, und dass der bisherige Lebensweg nun eine Änderung braucht. Das muss nicht negativ sein, auch wenn es in dem Moment sehr schwierig sein mag.

Selbst eine Krankheit muss nicht zwingend dazu führen, dass Sie keine Lebensfreude mehr empfinden. Wer es schafft, seine Erkrankung zu akzeptieren, sie anzunehmen und als EINEN Teil seines Lebens zu betrachten, der kann in vielen anderen Lebensbereichen Momente des Wohlfühlens, des Genusses, der Freude und des Glücks erleben.

Wenn es Ihnen möglich ist, versuchen Sie also einmal Ihr Festhalte-Geschehen neu zu sehen im Sinne von: „Ab jetzt versuche ich das Geschehen als meine Wachstumsaufgabe anzunehmen." Diese Sichtweise eröffnet die besten Möglichkeiten für einen neuen Lebensabschnitt: Man hört auf, sich zu grämen, kann den inneren Druck loslassen und kommt mit sich selbst und der Welt ins Reine. In einem solchen Augenblick des Annehmens geschieht das Paradoxon der Veränderung. Körperliche und seelische Energien werden freigesetzt, die mit guten Gefühlen einhergehen und Lebensfreude zulassen. Eine kreative Alternative wird möglich.

Die Fähigkeit, Geschehenes neu zu deuten

Manche Dinge stellen sich im Nachhinein anders dar als zuvor, mit Abstand sieht man sie später in einem positiveren Licht. Stellen Sie sich dafür ruhig einmal Fragen in der folgenden Art und Weise:

* Wie wäre es für mich wohl weitergegangen, wenn ich damals nicht weggezogen wäre?
* Wie sähe mein Leben jetzt aus, wenn ich den Berufsweg gegangen wäre, den ich mir ursprünglich gewünscht habe?
* Wie, wenn ich meinen damaligen Freund geheiratet hätte?
* Wie, wenn ich damals den Job nicht gewechselt hätte?
* Wie, wenn ich einen passenden Mann gefunden hätte?
* Wie, wenn ich ein Kind bekommen hätte?
* Wäre ich wirklich glücklicher geworden?

So manche Dinge, die man sich lange gewünscht, Ziele, die man lange verfolgt hat, stellen sich im Nachhinein als nicht mehr passend zur aktuellen Lebenssituation dar.

Durch ein Erkämpfen kommen wir in der Regel nicht zur Erfüllung unserer Ziele. Es ist nur allzu normal, dass wir an manchen Stellen im Leben an Grenzen stoßen, an denen wir uns neu orientieren und neu ausrichten müssen. Wir werden es leichter haben, wenn wir akzeptieren können, dass Hürden, Probleme und Wendepunkte zu unserem ganz normalen Lebensverlauf gehören. Deshalb kann es durchaus auch ein Gewinn sein, das eine oder andere Ziel im Leben einmal nicht zu erreichen.

Auf Entscheidungssituationen werden wir wahrscheinlich weiterhin mit gemischten Gefühlen reagieren, weil sie schlichtweg einen Sinn erfüllen. Aber allein die Einstellung, im Leben nicht ALLES erreichen zu MÜSSEN, trägt schon entscheidend zur Entschärfung und Entspannung der eigenen Situation bei. Wenn man sich mit seiner persönlichen Lebenssituation einverstanden erklären kann, zieht dies automatisch eine positivere Gefühlslage nach sich.

In einem solchen positiveren Gefühlszustand kann man kreativere Ideen für die Zukunft entwickeln, dem Glück mehr Raum bieten und insgesamt enorm an Lebensqualität gewinnen. Sie werden erfahren, dass Sie nicht immer die Dunkelheit bekämpfen müssen: Ziehen Sie einfach einmal die Gardinen zur Seite, und schon scheint die Sonne durch das Fenster herein.

PROTOKOLL ZUR SELBSTREFLEKTION: Die eigene Haltung verändern

Blicken Sie bitte auf Ihr bisheriges Leben zurück und erinnern Sie sich an die Stationen in Ihrem Leben, für die Sie im Nachhinein froh darüber sind, dass einer Ihrer Pläne oder Wünsche sich nicht erfüllt hat!

* Probieren Sie einmal die „Was-wäre-wenn"-Vorstellung aus (Seite 111)! Was wäre aus Ihnen geworden, wenn Sie damals ...

* Wozu könnte es aus heutiger Sicht gut gewesen sein, dass Ihr Festhalte-Thema entstanden ist? Welchen positiven Effekt hatte es auf Ihr Leben?

* Da wo es Ihnen noch nicht möglich ist, sich auf die guten Gefühle einzulassen, können Sie dennoch beobachten und annehmen. Erinnern Sie sich immer wieder daran, dass Verarbeitung nicht unter Druck geschieht, sondern im Stillen – alles zu seiner Zeit.

Gegensätzliches annehmen

Gegensätze ziehen sich an, sagt der Volksmund. Und tatsächlich findet so manch einer im Partner die Ergänzung seiner selbst. Aber auch durch eine enge Freundin versucht man manchmal die Ganzheit der eigenen Persönlichkeit herzustellen. So gesellt sich oft schüchtern zu forsch, witzig zu nüchtern – als beidseitige Ergänzung der eigenen inneren Polarität. Die Hoffnung besteht darin, dass der andere die Unzulänglichkeiten der eigenen Persönlichkeit ausgleicht.

Gegensätze und Alltag

Wenn man einen Partner wählt, der sich von einem selbst sehr unterscheidet, gewinnt man in einer anderen Person etwas, wovon man sich selbst vielleicht zu wenig zugesteht oder von dem man an sich selbst gar nichts weiß. Nach der ersten Verliebtheit kann das schwierig werden: Hat man etwa nach einem starken Partner gesucht, der einem Entscheidungen abnimmt, kann es sein, dass einen gerade dies später stört. Da gibt es vielleicht plötzlich das Gefühl, dass man übergangen wird. Der „starke" Partner wiederum beginnt zu bemerken, dass alles auf seinen Schultern lastet. Eine Trennung liegt nahe – doch sie bietet in der Regel nur eine Verschiebung der Problematik. Viele wählen nämlich anschließend ganz intuitiv einen neuen Partner, der die eigene Beziehungsproblematik in einer abgewandelten Variante liefert. Zuerst meint man, alles sei ganz anders, doch nach der ersten Verliebtheit zeigen sich die alten Schwierigkeiten erneut. Diese Beziehungstragödie wiederholt sich so lange in unterschiedlicher Form, bis man keinen anderen mehr „braucht", der die eigenen Anteile für einen selbst ausleben soll. Die Lösung besteht also darin, die eigene Persönlichkeit zu entfalten, indem man alle Anteile an sich wahrnimmt und auslebt. Erst dann kommen wir ins innere Gleichgewicht.

Experiment: Vor dem Spiegel

Stellen Sie sich doch einmal vor den Spiegel und sagen zu Ihrem Spiegelbild, was Sie einem anderen Menschen gern sagen würden. Sie können schimpfen, klagen oder drohen, am besten so, wie es häufig zwischen Ihnen und dem anderen abläuft: „Nie hörst Du mir zu!" beispielsweise oder: „Du sollst endlich deinen Schreibtisch aufräumen!" Achten Sie dabei darauf, wie Sie sich fühlen, auch als Spiegelbild. Wie könnten Sie etwas verändern?

ÜBUNG: Den anderen als Spiegelbild annehmen

Im Loslass-Geschehen gibt es oft einen Menschen, der eine besondere Rolle einnimmt, weil man etwa durch Familie oder Arbeitsplatz aneinander gebunden ist. Je länger die Situation miteinander unbereinigt bleibt, umso mehr bauen sich unangenehme Gefühle diesem Menschen gegenüber auf. Er regt uns einfach schon durch sein Verhalten auf: Wir empfinden ihn als anstrengend, unverschämt, faul, arrogant …

Ziel und Wirkung der Übung:

Die eigenen Anteile im anderen erkennen und akzeptieren. Wenn Sie den Gedanken zulassen können, dass „schlechte" Eigenschaften eines anderen Menschen vielleicht in irgendeiner Form auch in Ihnen zu finden sind, tun Sie einen großen Schritt in Ihrer Persönlichkeitsentwicklung. Sie lernen viel über sich selbst und werden es leichter haben, einen Vorfall zu akzeptieren und den Menschen, der daran beteiligt war.

So wird's gemacht:

* *Wenn es einen Menschen in Ihrem Loslass-Geschehen gibt, mit dem es Ihnen so geht, dann fragen Sie sich, welche negativen Gefühle Sie diesem Menschen konkret entgegenbringen.*
* *Anschließend fragen Sie sich: Was nimmt der andere sich heraus, was ich mir selbst vielleicht zu wenig oder gar nicht gönne?*
* *Welche Eigenschaften des anderen würden Ihnen gut tun, wenn Sie diese selbst stärker hätten – oder sie mehr ausleben könnten?*

Welche Möglichkeiten es noch gibt:

Wenn es einen solchen Menschen in Ihrem Loslass-Prozess nicht gibt, Sie aber dennoch daran interessiert sind, welche Anteile Sie zu viel oder zu wenig leben, könnten Sie auch beobachten, welche „Charaktere" Sie generell eher abstoßen, durch wen Sie sich besonders genervt oder gestört fühlen … Anschließend gehen Sie vor wie oben beschrieben.

Heilsames Annehmen: Schwer krank und dennoch ganz!

Eine schwere Krankheit kann uns aus dem Leben herausreißen. Wenn das so ist, halten Sie sich vielleicht zu sehr mit diesem Teil Ihres Lebens auf. Viele Menschen halten an der Vorstellung fest, dass alles einmal wieder so werden wird wie vor dem Ereignis. Anzunehmen, dass man nicht mehr arbeiten kann, dass man nicht mehr sprechen oder sich nicht mehr erinnern kann wie zuvor, ist sehr schwierig.

Ein verhängnisvoller Unfall oder eine schwerwiegende Erkrankung, die ganz plötzlich auftritt, bringt die Betroffenen ebenso in eine Krisensituation wie die Diagnose einer schleichenden Krankheit. So etwas überfällt uns aus heiterem Himmel. Mit einem Schlag ist das bis dahin ganz normale Leben eines Menschen massiv infrage gestellt. Nichts scheint mehr so zu sein, wie es war. Gravierende Einschränkungen des bisherigen Lebensstils sind damit verbunden und ziehen meist schwerwiegende Folgen nach sich. Auf psychischer Ebene bedeutet das erst einmal eine Überforderung und anschließend eine enorme Anpassungsleistung durch die aktive Auseinandersetzung mit der neuen Situation. Es stellen sich Fragen wie:

* Kann ich so weiterleben wie bisher?
* Wie werden sich mein Lebenspartner, Verwandte, Freunde und Arbeitskollegen verhalten?
* Was wird aus meiner Zukunftsplanung?
* Was wird aus meinen Kindern?
* Wie kann ich damit umgehen, dass ich vielleicht von anderen Menschen abhängig sein werde?
* Wie kann ich meinen Körper akzeptieren, wenn er sich durch Krankheit verändert?

Mit diesen oder ähnliche Fragen muss man sich nun plötzlich auseinandersetzen. Körper und Seele brauchen Zeit, um das Geschehen zu verarbeiten und zu betrauern. Diese Trauerarbeit ist eine notwendige

Voraussetzung, um kritisch Bilanz ziehen zu können und neue Lebensziele ausfindig zu machen. Wer weiterhin daran hängt, den alten Zustand herstellen zu wollen, verpasst die schönen Seiten des Lebens im Hier und Jetzt.

Gelingt diese Auseinandersetzung und die Anpassung an die Umstände, kann auch eine andere Sichtweise auf die Krankheit folgen. Verändern wir unsere Haltung und sehen eine Krankheit als einen Teil von uns an, können wir aufhören, zu kämpfen. Eine Krankheit kann Anteil von einem ansonsten gesunden Menschen sein. Sie ist nur ein Teil dieses Menschen, nicht der Mensch selbst.

Im Bereich der Krankheiten bedeutet das, Ja zu sagen zum Krankheitszustand: Ja, so ist es jetzt! Und obwohl es einem schlecht geht, gibt es inmitten der Krankheit vielleicht auch Raum für Glücksgefühle. Ja: Man kann krank sein und Lebensfreude empfinden. Ich kann lachen, ich kann weinen und in dem Rahmen das Leben genießen, den die Krankheit mir bietet. Gerade dann, wenn man so gar nicht weiß, wie viel Zeit und Möglichkeit die Krankheit einem noch lässt, ist es doch gut, die kleinsten Momente des Glücks, des Wohlbefindens und der Lebensfreude in sich aufzunehmen.

Den Kampf einstellen und Kräfte sammeln

In der Praxis erlebe ich immer wieder, dass Menschen sich in unterschiedlichsten Festhalte-Situationen für das Bekämpfen entscheiden. Sie kämpfen so lange und so viel, bis sie innerlich ausgelaugt sind, bis alle Kräfte aufgezehrt sind. So kommt es erst gar nicht zu der eigentlichen Anpassungsleistung, die erforderlich wäre, um sich wieder ins innere Gleichgewicht zu bringen.

Wer eine leidvolle Veränderung als einen Teil des Lebens akzeptiert, kann andere Teile des Lebens genießen. Wer aufhört, sich gegen etwas zur Wehr zu setzen, ist anpassungsfähiger. Sobald man die Waffen niederlegt, kann man neue Kräfte sammeln und die Konzentration nicht mehr auf den Kampf ausrichten, sondern auf die schönen Seiten des Lebens, in dem Rahmen, den uns das Leben vorgibt.

Annehmen bedeutet nicht, zu resignieren, aufzugeben oder alles zu verdrängen. Annehmen kann heißen, sich von dem zu verabschieden, was man bisher dachte, fühlte, erlebte oder wünschte.

Wenn wir nicht die Welt verändern können, so können wir doch unsere Einstellungen verändern, unsere Haltung zum Geschehen und unsere Sicht darauf. Etwas anzunehmen, bedeutet, eine Lebenssituation, eine Krankheit oder eine Person zu akzeptieren und sich mit dem auszusöhnen, was die Realität des Lebens uns bietet. Hinweise auf Hilfsangebote finden Sie auf Seite 181.

Mit Strategiewechseln zu Lebenszufriedenheit finden

In der Regel meinen wir, dass wir nur auf eine bestimmte Art und Weise reagieren können: Eben genau so, wie wir es normalerweise tun. Tatsächlich haben wir aber in den meisten Situationen viele verschiedene Möglichkeiten, zu handeln. Wir bremsen uns nur selbst in unseren Möglichkeiten aus, weil wir vieles sofort mit „geht nicht" bewerten. Beispielsweise geht es nicht anders, weil andere Menschen uns einschränken. Oder es geht nicht anders, weil nur die eigene Sichtweise gilt.

Eigentlich gibt es also viele Möglichkeiten, in einer Loslass-Situation zu reagieren, aber wir lassen die meisten davon nicht zu. Einerseits haben wir Angst vor den Folgen, anderseits begrenzen wir uns selbst in unserer Handlungsfähigkeit. Aber: Ohne weitere Lösungsmöglichkeiten in Erwägung zu ziehen, ohne alternative Zielvorstellungen zu entwickeln, halten wir uns selbst in der Opferrolle des Geschehens. Und konkret heißt das: Als Opfer befinden Sie sich in einer Sackgasse – nichts geht! Sie verschieben die Verantwortung für Ihr Leben nach außen.

Als Gestalter des eigenen Lebens jedoch suchen Sie nach Alternativen im Loslass-Geschehen. Und Sie übernehmen damit die Verantwortung für Ihr Leben.

Probieren Sie doch einfach einmal aus, wie es ist, wenn Sie Ihre Angelegenheiten mit einer anderen Strategie angehen, als sie es sonst tun. Sie würden damit anders handeln als Ihre Mitmenschen und Sie selbst es von sich gewohnt sind. Regeln Sie die Dinge anders, als Sie es bisher getan haben. Wahrscheinlich kostet es Sie Überwindung und stiftet Verwirrung, aber damit geben Sie sich selbst die Chance auf neue Erfahrungen, auf neue Möglichkeiten und auf andere Ergebnisse als bisher.

ÜBUNG: *Selbst etwas bewirken*

Ziel und Wirkung der Übung:
Diese Übung hilft Ihnen, sich Ihre eigenen Handlungsmöglichkeiten zu verschiedenen Zeitpunkten des Lebens klar zu machen. Sie hilft auch, sich den Einfluss auf die Welt bewusst machen – mit allen zugehörigen Vor- und Nachteilen - und mit sich selbst ins Reine zu kommen.

So wird's gemacht:
Versetzen Sie sich noch einmal in eine Situation, in der Sie zum Opfer wurden und sich handlungsunfähig fühlten.

* *Was tun Sie in der Situation? Was fühlen Sie? Was spüren Sie? Was denken Sie? Und wie reagieren Ihre Mitmenschen?*

Nun verlassen Sie die vergangene Situation und kommen zurück ins Hier und Jetzt. Mit dem Abstand von heute: Welche Handlungsmöglichkeiten hätten Sie damals noch ausprobieren können, um zufriedener aus der Situation zu gehen? Sie sind heute älter, reifer, emotional geschulter, handlungsfähiger und freier. Und Sie wissen, dass Sie in der Welt etwas bewirken können. Sie wissen nun, wie Sie heute in einer ähnlichen Situation handeln könnten.

* *Welche Auswirkungen hat das jetzt auf Sie? Wie geht es Ihnen jetzt? Wie fühlen Sie sich?*

Neue Perspektiven entwickeln

Selbst wenn wir unsere Gefühle hinterfragen, den Sinn erkennen, Bedürfnisse zulassen und Sehnsucht nach einer Veränderung spüren, wissen wir noch lange nicht, wohin die Reise gehen soll. Wenn die tiefere Sehnsucht gestillt werden soll, braucht es noch einen weiteren Schritt: hin zu den wahren Lebenszielen, die uns erfüllen und hinter denen wir die Sinnhaftigkeit des Lebens erkennen.

Heute sind gesellschaftlich wichtige Ziele beispielsweise ein Schulabschluss, eine Berufsausbildung und eine Arbeitsstelle. Gerade an ihrer Arbeitsstelle halten viele Menschen fest, selbst wenn sie sich damit unzufrieden fühlen, dauerhaft unterfordert sind, jahrelang unter einem schlechten Betriebsklima leiden oder einen cholerischen Vorgesetzten ertragen müssen. Sie haben den Eindruck, selbst nichts verändern zu können, und die Angst, vielleicht schon beim Versuch einer Veränderung in der Arbeitslosigkeit zu landen.

Die Entfaltung von Lebensfreude hat also auch damit zu tun, wie gut man sich selbst kennt, ob man sich realistische, erreichbare Ziele gesteckt hat und mit welchem Sinn man das Leben ausstattet. Steckt man seine Ziele immer eine bisschen höher als das, was erreichbar ist, macht man es sich selbst unmöglich, zufrieden zu werden. Wer nicht weiß, welches Potential in ihm schlummert, wird auch nicht wissen, wie er das eigene Leben bereichern kann.

Ziele in Sachen Glück zu definieren ist gar nicht so einfach, weil wir häufig zu allgemein sind. Ziele wie „ich will glücklich sein“ oder „ich will gesund bleiben“ sind sehr vage und haben unendlich viele Bedeutungen.

In welche Richtung des Glücks wollen Sie sich bewegen? Und was erhoffen Sie sich davon? Was ist nach dem Loslassen wichtig geworden? Welches Ziel hat eine besondere Bedeutung für Sie?

Wer sich aber seiner selbst bewusst wird, kann mit dem notwendigen Durchhaltevermögen, mit Vertrauen in sich selbst, Handlungsenergie und etwas Mut die eigenen Lebensträume zielgerichtet in Wirklichkeit verwandeln.

Fest auf beiden Beinen stehen

Das innere Gleichgewicht erwächst aus dem harmonischen Zusammenspiel vieler Faktoren (siehe auch Grafik auf Seite 104). Besonders nach einem Festhalte-Prozess ist es ratsam, sich wieder auszuloten und festen Stand unter den Füßen zu gewinnen. Einschneidende Störungen und längerfristige Unstimmigkeiten des inneren Gleichgewichts können zu ernsthaften seelischen und körperlichen Erkrankungen führen. Unsere hektische, schnelllebige Zeit stellt hohe Anforderungen an uns.

Ein ausgewogenes Verhältnis von Tief- und Höhepunkten, Hektik und Alltagstrott, Anforderung und Freiraum, Gemeinschaft und Individualität sind eine wichtige Voraussetzung für Wohlbefinden und Gesundheit. Aus dem Gleichgewicht zwischen diesen Bereichen schöpfen wir Kraft, Seelenstärke und neuen Antrieb. Diese gegensätzlichen Pole des Lebens interagieren miteinander, kommen ins Gleichgewicht und verlieren manchmal auch wieder den Kontakt zueinander. Der Ausgleich muss immer wieder hergestellt werden. In einem guten, stabilen Gefühlszustand können Sie immer besser auf alle Situationen reagieren, als in einem schlechten.

Bei sich selbst bleiben

Wie wir unsere Lebenslage einschätzen, hängt auch davon ab, welche Bewertungsmaßstäbe wir dazu ansetzen. Mit wem wir uns beispielsweise vergleichen oder an welcher Zeit wir die jetzige Zeit messen, spielt eine große Rolle hinsichtlich unseres individuellen Glücksgefühls. Schnell kann es auch zu neidvollen oder schwermütigen Vergleichen kommen, was rasch wieder zu einer negativen Haltung führt. Wie alle unangenehmen Angewohnheiten lassen sich auch negative Einstellungen und Erwartungshaltungen nur schwer ablegen. Doch das Umlernen lohnt sich, weil durch eine positivere Sicht auf das Leben Ihre inneren Kräfte mobilisiert werden, die Ihnen einen enormen Energieschub für Lebensfreude und Glück verleihen. Vergangenes ist vergangen und kann nun ruhen.

PROTOKOLL ZUR SELBSTREFLEKTION
Ziele korrigieren oder belassen?

Arbeiten Sie Ihre Formulierungen ganz einfach aus, möglichst in einem Satz. Seien Sie dabei ganz konkret.

Rückblick

* Mein bisheriges Ziel war:

____

____

Bewertung

* Passt dieses Ziel noch zu meiner aktuellen Lebenslage?

____

____

Standpunkt

* Ab sofort ist mein Ziel:

____

____

* Was ich ganz konkret dafür tun kann, ist:

____

____

Humor ist, wenn man trotzdem lacht

Handeln wir anders als gewohnt, werden auch die Mitmenschen anders auf uns reagieren als bisher. Eine Kettenreaktion kommt in Gang. Verändertes Handeln zieht veränderte Reaktionen nach sich.

Schadenfreude nährt sich von Momenten, in denen wir eigentlich mit anderen mitfühlen müssten. Kleine und große Missgeschicke reichen manchmal aus, um unsere Lachmuskeln in Bewegung zu setzen.

Anders beim fröhlichen Lachen, da entspringt unserem Herzen einfach ein Glucksen, das bis in die Kehle vordringt und unseren ganzen Körper kraftvoll durchdringt, hoch, bis es unseren Körper vor Übermut schüttelt und wir vor Lachen förmlich explodieren. So paart sich der Galgenhumor in Verzweiflungssituationen mit den dunklen Gefühlen und rettet uns so einen Moment lang über eine kaum erträgliche Situation von Bitterkeit, Trauer oder Aussichtslosigkeit. Freud und Leid liegen ebenso eng beieinander wie Weinen und Lachen.

Katja: Wieder Freude an der Arbeit finden

In Katja ist der Kampfgeist erwacht. Sie beginnt, den alten Verlauf neu zu deuten: „Trotz der Hindernisse habe ich mich durchgebissen. Wer hätte gedacht, dass ich so viel Kraft habe." Die Befriedigung der Rachegedanken hat sie auf Ihre Vorstellungskraft verschoben: Mal stellt sie sich vor, wie Ihr früherer Mentor vom Schuldach erschlagen wird, wie ihm aus heiterem Himmel ein Stein auf den Kopf fällt oder wie er vom Blitz erschlagen wird. Das bringt einen Augenblick der Heiterkeit und der Erleichterung.

Was Katja noch tun könnte:

* Sie könnte sich eine Strategie überlegen, mit der sie mit ihrem heutigen Wissen in einer ähnlichen Situation handeln würde, um für die Zukunft gerüstet zu sein.
* Sie könnte diese schwierige Situation als ihre Wachstumsaufgabe anerkennen und aus ihr lernen.

Sich mit dem Schicksal versöhnen, verzeihen und vergeben

Etwas zu verzeihen, kostet uns häufig große Überwindung, egal ob es dabei darum geht, uns selbst etwas zu verzeihen oder einem anderen Menschen. Gleichzeitig bedeutet es aber auch die Überwindung unserer damit verbundenen dunklen Gefühle: Groll, Enttäuschung oder Verbitterung fordern ihren Tribut. Wenn wir uns diesen Gefühlen ausliefern, ziehen wir uns oft von allen anderen Menschen zurück.

EXPERIMENT: Strategiewechsel Humor

Lachen ist gesund und Humor kann befreien! Beides kann eine sofortige Distanz zu Situationen schaffen. Schauen Sie auf eine Situation zurück, in der Sie Ihren negativen Gefühlen ausgeliefert waren: Können Sie dieser Sache im Nachhinein etwas Komisches abgewinnen? Das hilft Ihnen, manches zu relativieren. Sie werden erfahren, wie gut Ihnen das tun kann.

Die Vorstellung vom Loslassen ist für viele Menschen mit dem Gedanken an eine Wiedergutmachung verbunden. Wenn wir gekränkt worden sind, wollen wir, dass der andere sich bei uns entschuldigt. Wir wollen einen Ausgleich von der anderen Seite. Wenn das nicht geschieht, verdammen wir uns selbst zum Aufrechterhalten des Leidens, weil wir nicht vergessen wollen. Aber dieses Verhalten hilft uns überhaupt nicht weiter: Es ist so, als wäre man in einen Nagel getreten und statt diesen zu entfernen, tritt man immer weiter auf ihm herum. Es geht nicht darum, einem „Täter" alles zu verzeihen, sondern darum, sich mit dem, was einem geschehen ist, zu versöhnen.

Aktiv handeln oder Opfer bleiben?

Wenn wir verletzt worden sind oder uns ein Unrecht angetan wurde, nehmen wir verständlicherweise zunächst nur uns selbst und unseren Schmerz wahr. Man selbst ist das Opfer! Wenn wir aber nach der ersten akuten Enttäuschung aus einem gewissen Abstand auf das Ereignis schauen, können wir auch unser Gegenüber wahrnehmen, also den Menschen, der uns verletzt hat. Sobald Sie Ihren Blick etwas mehr auf den anderen ausrichten können, beginnen Sie möglicherweise zu verstehen, WARUM jemand etwas getan hat, auch wenn das nicht immer eine Rechtfertigung bringt. Ein weiterer positiver Aspekt dieser

Auseinandersetzung mit dem Thema: Dabei kann einem dann auch der eigene Anteil an der Situation klar werden, was die Gefühlslage etwas zurechtrücken kann. Verzeihung kostet uns Mut, Energie und Stärke. Doch für das Festhalten an der Opferrolle zahlen wir auf Dauer einen weit höheren Preis, denn wir verlieren Zuversicht, Daseinsfreude und den Glauben an das Gute.

Durch das Verzeihen hingegen akzeptieren Sie im Hier und Jetzt ein Geschehen als vergangen. Das Verhalten des anderen muss damit noch lange nicht für gut befunden werden, aber Sie beginnen mit Ihrem Verzeihen und Abschließen, dem Verhalten des anderen die Wichtigkeit zu nehmen. Und das tun Sie vor allem für sich selbst.

Verzeihung ist keine Kopfentscheidung, die mit einem Ja oder Nein funktioniert, sondern ein Vorgang, der über das Gefühl läuft und Zeit braucht. Je liebevoller Sie dabei mit sich selbst umgehen, desto näher kommen Sie dem Ziel. Letztendlich geht es auch beim Verzeihen um eine Form des Loslassens. Weg von dem, was uns ein anderer angetan hat, hin zu dem, was uns im Leben wichtig ist, von der Fremdbestimmung zur Selbstbestimmung. Man übernimmt damit wieder ganz die Verantwortung für sich selbst und lässt nicht einen anderen darüber bestimmen, wie man sich fühlt.

Suchen Sie sich Hilfe

Begriffe wie Vergebung, Verzeihung und Versöhnung können sich unter bestimmten Umständen leer und falsch anfühlen, etwa für Opfer von Gewalttaten, für Menschen, die Machtmissbrauch, einen schweren Vertrauensbruch oder Ähnliches erlebt haben. Gerade in solchen Fällen ist wichtig, dass es nicht darum geht, dem Täter zu verzeihen, sondern sich mit dem eigenen Schicksal auszusöhnen. Mit einer solchen Situation sollten Sie sich nicht allein beschäftigen. Unterstützung kann eine Selbsthilfegruppe bieten oder therapeutische Begleitung.

TEST: Sind Sie wieder im Gleichgewicht?

Bitte kreuzen Sie an, was eher zutrifft.

Aussage	eher ja	eher nein
Ich akzeptiere meinen Körper, sorge gut für ihn und ernähre mich gut.	☐	☐
Stressige Zeiten wechseln sich mit ruhigen ab.	☐	☐
Mein Leben erscheint mir immer ausgewogener.	☐	☐
Ich kann meine Gefühlswelt in ihrer Gesamtheit akzeptieren, ich lasse mich nicht mehr so leicht aus der Bahn werfen.	☐	☐
Auszeiten vom Alltag nehme ich mir.	☐	☐
Verlust, Krankheit und Auseinandersetzungen gehören zum Leben, darauf bin ich eingestellt.	☐	☐
Ich habe den Eindruck, am Prozess meines Loslassens gereift zu sein. Ich kann konkret sagen, was ich für mich daraus gelernt habe.	☐	☐
In dem, was mir passiert ist, liegt für mich eine Bedeutung. Auch wenn mir manches daran nicht gefällt: So ist es und so nehme ich es an.	☐	☐
Für meine Gefühlslage bin allein ich verantwortlich.	☐	☐

Aussage	eher ja	eher nein
Ich habe meine Ziele an die Lebensumstände angepasst beziehungsweise mir neue Ziele für mein Leben überlegt.	☐	☐
Ich habe mich mit meinem Schicksal ausgesöhnt. Falls ich wieder hadere, übe ich mich im Vergeben.	☐	☐
Ich fühle mich in meiner Familie oder meinem Freundeskreis geborgen und gut aufgehoben.	☐	☐
Ich bin auf einem guten Weg, meine Sehnsüchte, Bedürfnisse und Wünsche zu verwirklichen.	☐	☐
Wenn ich manchmal negative Gefühle habe, lasse ich diese zu und versuche mir darüber klar zu werden, was sie mir sagen wollen.	☐	☐
Einen Rückschlag könnte ich wegstecken, auch wenn ich hoffe, dass jetzt mal alles glatt läuft.	☐	☐
Ich treibe regelmäßig und konsequent Sport.	☐	☐
Meine Freizeitbeschäftigungen trenne ich von meinen Arbeitsinhalten.	☐	☐
Kein anderer Mensch kann mir schlechte Gefühle machen, wenn ich es nicht zulasse.	☐	☐
Im Alltag habe ich mir Freiräume geschaffen.	☐	☐
Ich blicke zuversichtlich in meine Zukunft.	☐	☐

Auswertung

Zählen Sie nun die Kreuzchen, die Sie in die linke Spalte für „eher ja" gesetzt haben.

Mehr als 15 Kreuzchen
Es scheint, als wären Sie am Ende eines erfolgreichen Loslass-Geschehens angekommen und schon mittendrin in der Glücksmetamorphose. Sie sorgen gut für sich und befinden sich seelisch im Gleichgewicht. Sorgen Sie dafür, dass es so bleibt. Sie wissen ja, wie das möglich ist! Die Basis für Lebensfreude und Wohlbefinden ist geschaffen, Ihrem Glück steht nichts mehr im Wege.

Fünf bis 15 Kreuzchen
Sie befinden sich auf einem guten Weg, Ihr inneres Gleichgewicht wiederzufinden. Vieles haben Sie berücksichtig und verändert. Vielleicht brauchen Sie aber noch etwas Zeit, um das zu festigen, was Sie sich erarbeitet haben. Lebensfreude und Glück winken Ihnen schon manchmal zu.

Weniger als fünf Kreuzchen
Nur Mut! Bleiben Sie auf dem Weg zur Lebensfreude! Im Gleichgewicht sind Sie noch nicht, aber wenn Sie dranbleiben, wird sich Ihr Leben verbessern!

Ritualarbeit: Sich frei machen

Wozu dieses Ritual dient und wie es wirkt:
Dieses Ritual dient dazu, sich von einer Leidenszeit zu verabschieden und die Lebensfreude begrüßen! Damit setzen Sie einen Abschluss für das Festhalte-Geschehen und begrüßen das Glück in Ihrem Leben.

So wird's gemacht:
Sie können dieses Ritual allein durchführen oder auch mit einigen Eingeweihten. Finden Sie ruhig Ihre eigenen Worte dazu. Es sollte entweder an einer Feuerstelle in der Natur durchgeführt werden, mit einer Feuerschale im Garten oder in einem Zimmer mit einem Kamin.

Schaffen Sie eine festliche Atmosphäre, vielleicht mit Blumen rund um die Feuerstelle oder einem Abschiedskranz. Sorgen Sie für ausreichend Feuerholz. Anschließend entfachen Sie das Feuer. Während es erwacht, verteilen Sie einige Glückssymbole um sich herum. Das können beispielsweise die Sachen aus Ihrer Glückskiste sein.

Stellen Sie die Altlastenkiste, die Sie bereits im ersten Schritt angelegt haben (siehe Seite 39) anschließend vor die Flammen und nehmen Sie ein letztes Mal Kontakt zu ihr auf. Vielleicht möchten Sie noch ein letztes Mal in diese Kiste voller Altlasten hineinsehen oder sie noch ein letztes Mal berühren. Verabschieden Sie sich von Ihren Altlasten. Sobald die Flammen richtig lodern, können Sie Ihre Altlastenkiste mit einer feierlichen Geste dem Feuer übergeben. Sprechen Sie ruhig einige Abschiedsworte dazu.

Alternativ können Sie auch jeden Gegenstand aus Ihrer Altlastenkiste einzeln dem Feuer übergeben. Wichtige Gegenstände, die auch andere Menschen betreffen oder die für Sie noch einmal wichtig werden könnten, wie ein Vertrag, ein Diplom oder Ähnliches, sollten Sie nicht im Original verbrennen. Wählen Sie dafür lieber die symbolische Ebene, eine Kopie etwa oder einen anderen Gegenstand, der für die Situation steht. So können Sie es auch mit den unangenehmen Erinnerungen an einen Menschen tun, von denen Sie sich befreien wollen oder mit einem Gefühl, das Sie verabschieden wollen. Suchen Sie sich ein Zeichen, das dafür steht: ein Foto, ein Bild, ein Blatt …

Vielleicht fällt Ihnen zur Verabschiedung der Kiste eine kleine Abschiedsrede ein oder zu jedem Gegenstand, den Sie dem Feuer überantworten, ein Satz, etwa: „Ich habe viele Jahre geweint, nun ist es genug und ich verabschiede mich hiermit von meiner Traurigkeit." Oder: „Mein Beruf war mir einmal sehr wichtig, aber er hat mir kein Glück gebracht, deshalb ist es Zeit, mich von ihm zu verabschieden."

Nun konzentrieren Sie sich auf die Flammen des Feuers, während Ihr Atem ruhig ein und aus geht. Das Feuer verwandelt die Dinge. Mit seiner Wärme bringt es Ihnen Sanftmut und Vergebung, die Sie mit jedem Atemzug in sich aufnehmen. Mit jedem Atemzug lassen Sie mehr Liebe in sich einkehren. Das Feuer lässt durch seine Wärme ein heilendes Feld des Verzeihens entstehen. Wenn es so weit ist, sprechen Sie einige Abschiedsworte und übergeben die Altlastenkiste dem Feuer.

Das Feuer übernimmt die Verwandlung. Was war, ist geschehen und ist von nun an Vergangenheit! Sie sind frei für die Gegenwart.

Die Eskimos sagen, dass das Feuer auch das Eis in den Herzen der Menschen schmelzen lässt. Vielleicht ist es Ihnen in diesem Moment sogar möglich, zu verzeihen, was geschehen ist, und sich mit Ihrem Schicksal zu versöhnen. Schauen Sie nun noch einmal auf Ihre Glückssymbole und vergegenwärtigen sich, dass Sie glücklicheren Zeiten entgegengehen, bis die Flammen alle Ihre Altlasten in Asche verwandelt haben.

Verabschieden Sie sich mit einigen Worten der Hoffnung auf glücklicherer Zeiten und lassen Sie die Zufriedenheit in sich wirken.

Der fünfte Schritt: Die Glücksmetamorphose

Ja, Sie sind soweit: Jetzt stellen Sie Ihren inneren Seismographen auf Glück um. Von nun an richten Sie Ihre Wahrnehmung genau auf all das, was Ihnen gut tut, was Ihr Wohlbefinden steigert und was Sie glücklich macht!

> *Wer vom Glück immer nur träumt, darf sich nicht wundern, wenn er es verschläft.* **Ernst Deutsch**

Der fünfte Schritt im Überblick

In diesem Schritt geht es um Ihr ganz individuelles Glücksempfinden. Es geht darum, auch die kleinen Glücksmomente des Lebens ganz aktiv zu genießen.

Durch eine optimistische Grundeinstellung zum Leben können Sie sich vom vermeintlichen Unglücksraben in einen Glückspilz verwandeln. Zum einen, indem Sie Ihre Träume mit der Realität abgleichen und Machbares angehen. Zum anderen, weil Sie sich von nun an immer wieder darauf ausrichten werden, auch den kleinsten Lichtschein des Glücks zu bemerken.

Sie gehen der Frage nach, woran man überhaupt merken kann, dass man tatsächlich glücklich ist. Sie erstellen Ihren Glückkreis. Dieser sagt Ihnen, welcher Bereich des Glücks für Sie am wichtigsten ist und ob die Glücksbereiche in Ihrem Leben so verteilt sind, dass Sie auch im Alltag genug Lebensfreude aufnehmen können.

Es ist tatsächlich so: Das Glück liegt auf der Straße ebenso wie in der eigenen Hand. Es ist jederzeit um uns herum und wartet darauf, geschmiedet zu werden.

Visualisierung: Ein Schwenk mit dem Glücksscheinwerfer

Stellen Sie sich doch einmal eine tiefschwarze Nacht vor: Stille liegt über der Landschaft. Nichts bewegt sich. Die Luft ist schwer und feucht und die Dunkelheit deckt alles zu.
Haben Sie eine solche Nacht schon einmal beobachtet? Am Himmel zieht ein dunkles Wolkenmeer über Sie hinweg, das man nur erahnen kann. Alles ist in Dunkelheit getaucht. Doch auf einmal tritt wie aus dem Nichts der runde Mond aus seinem unsichtbaren Versteck hervor. Ganz plötzlich überrascht er die zuvor verborgene Welt mit seinem taghellen Schein.
Nichts ist jetzt mehr, wie es war. Die Schatten sind lebendig geworden und die Landschaft offenbart sich. Zuerst muss man blinzeln, um sich an das helle Licht zu gewöhnen.
Während sich Ihre Augen allmählich an die Helligkeit gewöhnen, nehmen Sie mehr und mehr die Schönheit der Umgebung wahr. Jede Kontur ist nun deutlich zu erkennen. Ihnen bleibt nichts mehr verborgen.

Genauso geht es uns auch im Loslass-Geschehen. Wie mit einem Scheinwerfer in der Hand können wir genau die Stellen ausleuchten, die für uns wichtig sind.

Machen Sie doch auch einmal mit Ihrem Scheinwerfer einen Schwenk: Leuchten Sie zum letzten Mal in Richtung Loslassen, und schwenken Sie dann das Licht in Ihrem Tempo in Richtung Glück! Da wo das Licht Ihres Glücksscheinwerfers hinfällt, liegt der Fokus Ihrer Aufmerksamkeit.

Den inneren Seismographen auf Wohlgefühle umstellen

Sie erinnern sich noch an das Erdbebenmeldesystem der dunklen Gefühle (siehe ab Seite 77)? Wir probieren jetzt einmal etwas aus: Schalten Sie bitte Ihren inneren Seismographen einmal ganz aus. Am besten drücken Sie vorher auf die Löschtaste und fahren anschließend das ganze System herunter. Wenn Sie dann Ihr System wieder hochfahren, können Sie es ganz neu einrichten: Stellen Sie jetzt Ihren inneren Seismographen auf Glücksgefühle ein!

Keine Sorge, hier kommt nun nicht eine dieser Ideen für den ultimativen Glückskick: Sie müssen nicht jeden Morgen zähnefletschend vor dem Spiegel stehen oder sich selbst Glück wünschen. Hier geht es um die guten, die hellen Gefühle, die im Prozess des Loslassens meist über einen langen Zeitraum viel zu kurz gekommen sind. Aber so wie Ängste, Ärger und Traurigkeit ihren Anspruch geltend machen und wahrgenommen werden wollen, haben auch die Lebensfreude, das Wohlbefinden und das Glück ihre Daseinsberechtigung.

Natürlich ist niemand andauernd glücklich. Aber es erhöht die Lebensqualität schon ganz enorm, auch glückliche Momente genießen zu können.

AFFIRMATION:
Die Affirmation für den fünften Schritt

Welche Affirmation könnte jetzt passen? Vielleicht: „Ich spüre Wohlbefinden in meinem Körper und in meiner Seele.“ oder: „Durch Verzeihen erlange ich Freiheit. Ich verzeihe mir selbst und anderen Menschen.“
Finden Sie Ihre Affirmation und lassen sich von ihr durch den fünften Schritt begleiten.

Ihr Glücks-Seismograph sollte sich nun immer einschalten, wenn die angenehmen, freudigen, wohltuenden und glücklichen Gefühle sich aus ihren Verstecken heraustrauen. Solange Sie diese kleinen Glücksschwingungen vielleicht noch nicht rechtzeitig bemerken oder nicht ausreichend würdigen, wäre ein solches Training mit dem Glücks-Seismographen sehr hilfreich.

Richten Sie Ihren Fokus der Wahrnehmung von nun an gezielt auf gute Schwingungen. Je mehr sich diese Glücksroutine einspielt, umso höher wird Ihre Lebensqualität. Das Lebensgrundgefühl hebt sich und wird dafür sorgen, dass Sie sich in allen Lebenslagen mutiger, stärker und beherzter fühlen.

Tendenziell wächst all das in unserem Denken, Fühlen und Handeln, worauf wir uns konzentrieren. Wer die guten Seiten des Lebens freudig erwartet, der wird auch viele von ihnen zu Gesicht bekommen. Probieren Sie es doch schon einmal aus, indem Sie sich abends vor dem Einschlafen bereits lebhaft die schönen Momente des kommenden Tages vorstellen.

Katja: Es geht wieder bergauf!

Katja wird beruflich immer sicherer und hat sich rege Austauschmöglichkeiten mit Kolleginnen und Kollegen geschaffen. Einen Ausgleich findet sie im Sport. Die Lebensfreude kommt insgesamt in ihrem Leben zwar noch etwas zu kurz, aber Katja bemüht sich um Auszeiten vom Beruf.

Was Katja noch für sich tun könnte, um glücklicher zu werden:

* *Sie könnte ihre privaten Kontakte ausbauen und diese auch intensiver pflegen.*
* *Sie könnte sich Möglichkeiten und Lebensbereiche erschließen, in dem sie auftanken kann.*
* *Sie kann sich auf Erfolgserlebnisse besinnen, um diese den negativen Erfahrungen entgegenzusetzen.*
* *Sie könnte sich dann darin trainineren, die schönen und wohltuenden Momente des Tages wahrzunehmen.*

ÜBUNG:
Das innere Lächeln

Ziel und Wirkung der Übung:
Mit allen Sinnen Lebensfreude aufzunehmen. Indem Sie einen guten Gefühlszustand aus der Vergangenheit aktivieren, trainieren Sie zum einen, sich willkürlich in einen guten Gefühlszustand versetzen und spüren zum anderen immer wieder, wie das Glück sich anfühlt.

So wird's gemacht:
Suchen Sie sich einen Raum, in dem Sie eine Zeit lang ungestört sein können. Versenken Sie sich einen Moment lang in sich selbst.
Denken Sie nun einmal zurück an eine Situation in Ihrem Leben, in der Sie sich einmal einen Moment lang so richtig glücklich oder zufrieden gefühlt haben.

* *Lassen Sie die Erinnerung an diesen Moment eine Zeit lang in sich wachsen.*
* *Nehmen Sie mit all Ihren Sinnen den Kontakt zu diesem glücklichen Moment auf.*
* *An welchem Ort war das?*
* *Welche Menschen waren dabei?*
* *Gab es jemanden, mit dem Sie Ihr Glück teilen konnten?*
* *Wenn es Ihnen möglich ist, erspüren Sie das Körpergefühl nochmals, das Sie in diesem Glückszustand hatten.*
* *Nehmen Sie die Körperhaltung von damals ein und lassen Sie diese einen Moment in sich wirken.*
* *Spüren Sie die Lebenslust, die Lebensfreude und den Lebensmut, die diese Glückssituation damals mit sich brachte?*

Spüren Sie den angenehmen Gefühlen so lange nach, bis Sie merken, dass Ihr Herz bis obenhin angefüllt ist mit lebensbejahender Energie. Vielleicht zeigt sich dabei sogar ein Lächeln auf Ihrem Gesicht.

Wie Sie Ihr ganz persönliches Glück entdecken können

Wohlbefinden, Zufriedenheit, Lebensfreude, Glück – das wünschen wir uns alle. Wir wissen, wie sich Glück anfühlt und erkennen es auch bei anderen Menschen ganz intuitiv. Man sieht, wie plötzlich jemand in seiner Lebensfreude aufblüht, wie er frei und leicht genießt, was der Augenblick ihm bietet. Während sich bei manchen ein angenehmes Kribbeln im ganzen Körper ausbreitet, empfinden andere eine übermütige Ausgelassenheit und könnten Bäume ausreißen. Man blickt mit wachen Augen in die Welt, sprüht vor Energie und hat plötzlich kreative Ideen, die im Herzen Purzelbäume schlagen. Alles andere rückt in einem Glücksmoment in den Hintergrund.

Glück ist ein sehr großer und sehr vager Begriff, in unserer Spaßgesellschaft fast schon inflationär gebraucht. Haben Sie sich schon einmal festzulegen versucht, was Glück für Sie bedeutet? Das Glück zu definieren fällt sehr schwer. Es bedeutet für jeden Menschen etwas anderes. Gerade nach einem leidvollen Festhalte-Geschehen fällt es sicher nicht ganz leicht, das Lächeln des Glücks wieder einmal wahrzunehmen, sich vom Wind der Lebensfreude leiten zu lassen und die Fülle der Welt wieder in den Mittelpunkt zu rücken.

Die meisten verstehen unter Glück, dass sie sich guter Gesundheit erfreuen oder in einer erfüllten, bereichernden Partnerschaft leben. Glück nennen wir es auch, wenn wir gerade haarscharf einem Unglück entkommen sind oder Befürchtungen bezüglich der Zukunft nicht eingetreten sind.

Äußerlichkeiten und Besitz machen nicht glücklich, das wissen wir alle, dennoch sind wir ausgerechnet damit am meisten beschäftigt, materielle „Glückssignale" anzuhäufen: ein schickes Auto zu besitzen, vielleicht ein Haus zu bauen. Häufig machen wir uns gar nicht viele Gedanken darüber, was für uns persönlich wirkliches Glück bedeutet. Wir sind so damit beschäftigt, den gesellschaftlichen Normen zu entsprechen, unseren sozialen Status auszubauen, dass für unser kleines ganz persönliches Glück viel zu wenig Zeit bleibt.

Wie spürt man das Glück?

Augenblicke des Glücks und der Lebensfreude erfahren wir, indem wir uns über die Sinne berauschen: Tagtäglich begegnen uns wundervolle Glücksmomente in den verschiedensten Variationen. Sie überraschen uns, gehen eine Zeit lang bei uns vor Anker und verabschieden sich dann wieder. Solche Momente des Glücks und der Lebensfreude erfahren wir, indem wir unsere Sinne nutzen.

Alles, was wir genießen, kann einen Nachgeschmack hinterlassen: Das Glück schmeckt manchmal fruchtig frisch, süß oder sauer. Manchmal hinterlässt es aber auch eine leicht bittere Note, ist im Nachhinein zu lange konserviert worden oder war zu überzuckert.

Geben Sie dem Glück das Aroma, das Sie sich wünschen. Vielleicht sollte es nach Lavendel duften oder nach Schokolade schmecken? In jedem Fall sollte es so kraftvoll sein, dass es Sie einen Augenblick lang aus dem Alltagsgeschehen fortträgt, um eine Weile bei Ihnen vor Anker zu gehen. Das Leben bietet uns eine unendliche Fülle an Lebensfreude und Glückserfahrungen. Was für Sie persönlich davon gilt, können nur Sie selbst herausfinden.

Wir können uns durch das Sehen ergötzen:

* beim Anblick des flackernden Kaminfeuers
* in der Natur, etwa an der Schönheit eines Regenbogens, dem Zauber tanzender Schneeflocken an einem kalten Wintertag
* an den kunstvollen Details eines Schmuckstücks
* an einem lieben Gesicht oder einem freundlichen Lächeln
* an einem Tier, das friedlich schläft oder frei herumtobt

Wir erfreuen uns durch das Hören:

* am morgendlichen Gesang der Vögel
* am Singen des Windes bei einem Sturm
* am Klangspiel auf der Terrasse
* am fröhlichen Lachen des eigenen Kindes
* an unserer Lieblingsmusik

Wir berauschen uns an Gerüchen:

* am Duft eines Rosengartens
* am Aroma der Weihnachtsbäckerei
* am vertrauten Wohlgeruch des Partners
* am Duft des Lieblingsparfüms
* wenn wir das Bukett eines guten Weines erschnuppern

Wir genießen es, zu spüren:

* wenn wir die Katze sanft streicheln
* beim Schmusen und Kuscheln mit dem Liebsten
* wenn wir feuchten Ton zu einer Skulptur formen
* beim Schaukeln auf einer Luftmatratze in den Wellen

Wir schmecken das Glück:

* wenn wir in Mamas Apfelkuchen beißen
* beim Kuss des Geliebten
* mit orientalischen Gewürzen oder bei einem exotischen Essen
* durch eine Prise Kakao im Kaffee
* indem wir eine zartschmelzende Praline ganz bewusst genießen

Wir nehmen Glück auf – mit allen Sinnen:

* beim Wandern, Laufen oder Klettern in freier Natur
* wenn wir ein Konzert erleben
* bei einer Achterbahnfahrt
* bei einem Bad mit duftenden Essenzen im Badewasser
* beim gemeinsamen Herumtollen mit Kindern und Freunden

Welche sinnlichen Glücksmomente nähren Ihre Seele?

* Wie riechen Ihre Momente der Lebensfreude?
* Wie schmecken Ihre Augenblicke des Glücks?
* Wie fühlen sich Ihre Sekunden des Hochgefühls an?
* Wie klingen Ihre Minuten der Euphorie?
* Wie sehen die Gelegenheiten aus, in denen Sie das Leben mit allen Sinnen genießen?

PROTOKOLL ZUR SELBSTREFLEKTION: Die guten Zeiten meines Lebens

Gab es schon einmal eine Phase in Ihrem Leben, in der Sie sich eine längere Zeit glücklich, zufrieden oder zumindest ganz gut fühlten?

* Was war das Besondere an dieser guten Zeit?
* Was haben Sie damals dazu beigetragen, dass Sie Ihr Glück wahrnehmen und auskosten konnten?
* Wenn Ihr Leben jetzt auf der Stelle ohne Ihr Zutun glücklicher sein könnte, wie sähe es dann aus?
* Was wäre anders, wenn Sie plötzlich glücklich wären?
* Denken Sie einmal ganz spontan an Ihre letzten drei Glückserlebnisse. Welche waren das genau und wie lange sind sie her?

Kommen wir dem Glück näher!

Das Wort „Glück“ stammt vom mittelhochdeutschen Wort „Gelücke“ ab, das wiederum von „gelingen“ abgeleitet wurde und mit dem Wort „leicht“ verbunden ist. Ursprünglich war Glück also das Gelungene, das leicht Erreichte oder der günstige Ausgang eines Ereignisses. Im alltäglichen Sprachgebrauch nutzen wir das Wort Glück heute in unterschiedlichen Zusammenhängen, vor allem in diesen: Man kann

Glück haben. Man kann Glücksmomente erleben. Oder es geht um den Wunsch, in dauerhaftem Glück leben.

Glücksgefühle hat man meist nur als kurze Augenblicke, die einen im Innersten berührt. In besonders guten Zeiten hält dieser Zustand sogar eine Weile an. Doch tiefe Glücksgefühle sind niemals von langer Dauer. Beim Fußball geht ein Volltreffer sicher mit einem Glücksgefühl einher, das Hochgefühl wird sich aber nicht das ganze Spiel hindurch halten. Und das ist auch ganz gut so: Denn beim nächsten Fehlpass lernt man, und bekommt ein gewisses Empfinden für das Unglück. Erst dadurch können wir dem Glück seine wirkliche Bedeutung geben.

Glück ist kein erreichbarer Endzustand, in dem wir ein Dauerhochgefühl erleben. Wir können jedoch ein positives, stabiles Lebensgefühl entwickeln, das sich in einer grundlegenden Lebensfreude und Zufriedenheit ausdrückt. Glück ist dann all das, was sich uns in der Lebensfreude zeigt. Seine majestätische Würde erhält das Wort Glück durch die Nähe und die Verbindung zu vielen anderen Wörtern des seelischen Wohlbefindens. Viele mögliche Bedeutungen von GLÜCK sind in dem Wort Lebensfreude enthalten (siehe Kasten unten).

So buchstabiert sich das GLÜCK

L = Loslassen was schadet
E = Entfalten innerer Potentiale
B = Beziehungen stärken
E = Engagiert leben
N = Neues ausprobieren
S = Sinn und Selbstverwirklichung
F = Freude in allen Lebenslagen
R = Ruhe und Gelassenheit
E = Erwartungen angleichen
U = Überraschungen einkalkulieren
D = Dankbarkeit an die Welt
E = Erfüllung von Sehnsüchten

PROTOKOLL ZUR SELBSTREFLEKTION: Kleine und große Glücksgefühle

Fragen Sie sich bitte jetzt, was für Sie „Glück" ganz konkret bedeutet. Nutzen Sie die folgenden Fragen und Anregungen dazu. Notieren Sie in Ihrem Tagebuch, was Ihnen dazu einfällt.

Glück ist für mich:

____

Kleine Glücksmomente erlebe ich durch:

____

Große Glücksgefühle erlebe ich, wenn:

____

Glücklich macht mich:

____

Daran merke ich, dass ich glücklich bin:

____

Diese Gedanken gehen mir in einem Glücksmoment durch den Kopf:

____

____

Diese Gefühle werden in glücklichen Momenten in mir wach:

____

____

So reagiert mein Körper im Glückszustand:

____

____

Das würde ich im Glückszustand am liebsten tun:

____

____

Daran würde ein anderer Mensch erkennen, dass ich glücklich bin:

____

____

Bringen Sie die Lebensfreude zum Klingen

Jeder hat schon kleine oder große Momente der Freude genossen. Freude entsteht durch eine nette Geste, ein willkommenes Wort, eine liebevolle Umarmung oder weil eine Aufgabe endlich erfolgreich abgeschlossen werden konnte. Lebensfreude verleiht uns ein ausgeglichenes Grundgefühl, sie macht uns beschwingt, kann uns beflügeln und regt uns zu weiterem Gelingen an.

Im Zustand der Lebensfreude können wir uns auf uns selbst gut einlassen, sind anderen Menschen gegenüber aufgeschlossen und spüren unseren Einfluss auf die Welt. Wir können etwas bewirken, uns verändern, unser Leben neu gestalten. Das bringt Kraft und Energie und das wiederum führt zu weiterer Lebensfreude. Um in diesen Zustand zu gelangen, muss man sich allerdings dafür entscheiden, von nun an die Dinge selbst in die Hand zu nehmen, verantwortlich für sich zu sorgen, und die eigenen Gedanken, Gefühle und das Handeln nicht von anderen abhängig zu machen.

Brigitte: Erste Entscheidung für sich selbst

Brigitte hat sich auf den Weg gemacht. Sie nimmt an einer Gruppe zur Ernährungsumstellung teil und hat sich einer Walking-Gruppe angeschlossen. So richtig im Glück fühlt sie sich noch nicht. Und sie hat allen möglichen Leuten gegenüber ein schlechtes Gewissen, weil sie nicht mehr so viel Zeit für sie hat.

Was Brigitte noch für sich tun will:

* Sie will fünf Kilometer beim Walken durchhalten.
* Sie will acht Kilo abnehmen.
* Wenn sie das geschafft hat, möchte sie sich belohnen, indem sie sich ganz neu mit Kleidung ausstattet.
* Sie will sich noch einmal aufraffen, um sich ein berufliches Standbein zu schaffen.

Wir haben keinen verbrieften Anspruch auf Lebensfreude und Wohlbefinden. Es gibt niemanden, der dafür zuständig ist außer uns selbst. Das bedeutet auch: Jeder kann für sich ganz gezielt etwas tun, um seinen Alltag mit Freude, Glück und Wohlbefinden zu bereichern. Also: Bringen Sie Ihre Lebensfreude zum Klingen!

Mein Tipp: Tragen Sie auch die kleinen Glücksmomente in Ihr Veränderungstagebuch ein. Wer glaubt, dass in seinem Leben keine großen Glücksmomente und überschwänglichen Glücksgefühle auftauchen, für den sind sicher erst einmal die kleinen Glücksmomente leichter zu fassen. Diese vielen kleinen Glücksmomente können auch eine große Wirkung haben! Wenn Sie wirklich gar keine Glücksmomente erkennen können, üben Sie sich darin, alles aufzuschreiben, was Ihre Stimmung nur ein klein wenig verbessert, alles, was Ihre Laune ein bisschen hebt.

Von der Illusion, den Glücksrausch zu halten

Kein Glück währt ewig. Eigentlich weiß das jeder, doch im Glücksrausch will niemand daran denken, dass dieser Zustand bald von einem anderen abgelöst wird. Glück ist wandelbar, abhängig von unseren Empfindungen, von der Außenwelt, es ist störanfällig.

Kein Mensch lebt dauerhaft im Glück. Es gibt sicher niemanden, der in seinem Leben noch keine Enttäuschung einstecken musste. Was jedoch zählt, ist die Bewertung solcher Enttäuschungen: Wer das Gefühl hat, dass in seinem Leben eine Enttäuschung die andere ablöst, ist praktisch schon auf Niederlagen programmiert. Er wird es schwer haben, das Glück in irgendeiner Form zu erkennen, es anzunehmen und zu genießen. Lassen Sie das nicht zu! Erlauben Sie sich, ganz besonders die kleinen glücklichen Momente des Lebens auszukosten, mit sich und der Welt in Einklang und zufrieden zu sein.

EXPERIMENT: Polen Sie sich auf Glück um

Achten Sie doch bitte beim nächsten Einkauf auf all die Leute um sich herum. Bemerken Sie all diejenigen, die zufrieden aussehen und sich an der Kasse Zeit lassen? Nehmen Sie diese Menschen gezielt wahr. Danach schließen Sie bitte die Augen und vergegenwärtigen sich, wie viele unzufriedene Menschen Sie im Geschäft gesehen haben. Wenn Sie bisher eher auf die Menschen geachtet haben, die mürrisch durch die Welt laufen, üben Sie sich von nun an darin, die zufriedenen zu sehen: Das, worauf wir uns polen, werden wir auch wahrnehmen.

Akzeptieren und genießen: Genau darauf kommt es an. Glück und Unglück gehören unabdingbar zusammen. Versuchen Sie sich bewusst zu machen, dass glückliche und unglückliche Zeiten einander abwechseln, dass Sie von beidem Ihren Anteil bekommen.

Wirklich unglücklich werden jene Menschen, die im Unglück verharren, ohne zu bemerken, dass sich die Zeiten bereits wandeln. Glück ist der immerwährende Wechsel von Licht und Schatten, Begegnung und Stille, Tragen und Getragensein, Feuer und Wasser, Luft und Erde, Leichtigkeit und Schwere.

Zufrieden und glücklich zu sein bedeutet nicht, keine Probleme zu haben. Es bedeutet, zu lernen, mit Hindernissen, Problemen und Schicksalsschlägen fertig zu werden, sie zu akzeptieren und ihnen nicht auf Dauer zu erlauben, das Leben zu beeinträchtigen. Die Dinge, die einem das Leben schwer machen, gibt es ohne Zweifel, manchmal sogar mehr als wir glauben, ertragen zu können. Aber IMMER gibt es auch die anderen Dinge in unserem Leben, die uns dankbar, zufrieden und glücklich machen können. Probleme zu haben, heißt nicht, die guten Seiten des Lebens nicht mehr wahrnehmen zu dürfen.

Der Glanz des Lebens liegt im Auge des Betrachters

Glück ist ein Gefühl in uns, das wir sowohl durch unsere Gedanken beeinflussen können als auch durch unser Verhalten. Die wichtigste Voraussetzung für ein erfolgreiches Glückserleben ist eine entsprechende Lebenseinstellung: Sorgenvolle, ängstliche oder zweifelnde Gedanken verhindern, dass sich Gefühle von Glück, Zufriedenheit und Lebensfreude in uns ausbreiten. Natürlich sorgt sich niemand mit Absicht: Aber unbewusst verweigert man sich manchmal die Erlaubnis, glücklich sein zu dürfen. Beispielsweise, weil man einen Menschen verloren hat und sich in dieser Situation keinen Anspruch darauf zugestehen kann, glücklich zu sein.

Konzentriert man sich in dieser Art auf die negativen Seiten des Veränderungsprozesses, haben es Lebensfreude und Glück sehr schwer, einen Raum für sich zu finden. Wenn unsere vorherrschende Lebenserwartung bleibend von Schwierigkeiten dominiert wird, wird es uns kaum möglich sein, sich einem glücklichen Erleben hinzugeben. Wir nehmen das am stärksten wahr, worauf wir unsere Gedanken ausrichten. Deshalb gilt es, sich auf das Glück einzustellen, den Glücksprozess aktiv zu steuern und zu lernen, sich auf Freude, Zufriedenheit und Glück zu fokussieren.

Deshalb fragen Sie sich jetzt bitte ehrlich selbst:

* Dürfen Sie glücklich sein?
* Können Sie glücklich sein?
* Wollen Sie glücklich sein?

Wenn Sie mindestens eine der drei Fragen mit NEIN beantwortet haben, leiden Sie an einer Blockade, durch die Sie Ihr Glückserleben verhindern. Das könnte etwas mit Ihrem Selbstwertgefühl zu tun haben. Man ist vielleicht selbst davon überzeugt, es stehe einem im Leben gar nichts Gutes zu oder man müsse erst einmal ungeheuer viel dafür tun. Geben Sie sich ab jetzt die Erlaubnis, das Glück wahrzunehmen und jede

Woche etwas mehr zu genießen. Wer soll Ihnen sonst die Erlaubnis geben außer Ihnen selbst? Oft schätzen wir das Leben erst, wenn jemand stirbt, und unsere Gesundheit erst, wenn wir krank werden. Wenn wir die guten Dinge, die uns das Leben zu bieten hat, jetzt schon in den Vordergrund rücken, können wir sie auch jetzt schon schätzen und genießen. Schönheit, Kunst und Glück existieren nur in den Augen des Betrachters.

PROTOKOLL ZUR SELBSTREFLEKTION: Wie groß ist Ihr Widerstand gegen das Glück?

* Verzichten Sie auf Glücksmomente, weil Sie noch vieles zu erledigen haben? Vergessen Sie häufig, sich zu belohnen?

* Reagieren Sie misstrauisch, wenn Ihnen jemand grundlos etwas Gutes tun will? Fällt es Ihnen schwer, einen glücklichen Augenblick auszuhalten?

* Inszenieren Sie Ihr Leben als Tragödie? Empfinden Sie Schuldgefühle, sobald es Ihnen einmal gut geht?

* Brauchen Sie immer die Kontrolle über eine Situation?

* Fällt es Ihnen schwer, einen eigenen Erfolg zu akzeptieren?

* Durften Sie schon einmal ein Sieger sein?

Leben und Genießen im Hier und Jetzt

Glückliche Momente lauern überall. Wir müssen uns nur umschauen und die Glücksmomente anerkennen. Wir sollten dankbar sein für das, was wir haben, so lange wir es haben.

Von Glückspilzen und Unglücksraben

Seit den 1990er Jahren wendet sich eine Strömung innerhalb der Psychologie dem zu, was uns glücklich macht. Es wird untersucht, wie wir Glück aktiv herstellen und damit zu mehr Lebensfreude gelangen können. Danach sind Glück und Lebensfreude vor allem abhängig von einer optimistischen Erwartungshaltung an das Leben.

Wahrscheinlich ist in jedem Menschen eine Art Grundstimmung angelegt. Forscher glauben inzwischen, dass es möglicherweise sogar ein Gen dafür gibt, ob wir das Glas als halb voll oder halb leer wahrnehmen, also eher geneigt sind, die Welt negativ oder positiv zu betrachten.

Aber selbst wenn dies stimmen sollte, und uns dazu möglicherweise noch andere Umstände ein Glückserleben erschweren, haben wir doch auch einen Willen und die Fähigkeit, neue Erfahrungen in unser Erleben zu integrieren. All das, was wir wahrnehmen, denken, fühlen und handeln

EXPERIMENT:
Eine Bewerbung beim Glück

Schreiben Sie doch einmal eine Bewerbung an das Glück. Begründen Sie darin schlüssig, warum das Glück ausgerechnet unter so vielen Bewerbern Sie aussuchen sollte: Warum ausgerechnet Sie, wo es doch so viele Menschen gibt, die auf das Glück warten?

und somit lernen, verändert uns. Je intensiver und je öfter wir uns mit etwas befassen, umso mehr neue Verbindungen finden sich in unserem Gehirn, und umso stärker wird die Verankerung neuer Erfahrungen. Auch im fortgeschrittenen Erwachsenenalter kann man trainieren, das Glück wahrzunehmen, zu genießen, aktiv danach zu suchen.

Glückserleben braucht man jeden Tag

Jeder von uns kann gute Gefühle empfinden. So werden zum Beispiel durch ein schmackhaftes Essen oder gefühlvolle Sexualität wichtige menschliche Grundbedürfnisse befriedigt. Dies empfinden wir automatisch als Glück, ohne es erst zu lernen. Was wir uns aber aneignen können, ist die Fähigkeit, die kleinen Glücksmomente des Lebens besser wahrzunehmen und auf sie zu reagieren. Und auch die folgenden Eigenschaften führen Menschen zum Glück:

* Anscheinend sind Menschen mit geringeren Ansprüchen an das Leben empfänglicher für das Glück. Bei ihnen müssen nicht erst herausragende Glücksgefühle entstehen, sie können auch die kleinen Glücksgefühle genießen.
* Glückliche Menschen machen ihren Selbstwert nicht von anderen abhängig, sie benötigen also keine dauernde Bestätigung von außen. Sie sind sich ihrer inneren Wertvorstellungen bewusst, setzen sich realistische Ziele, die sie auch erfüllen können.
* Wenn sie dennoch ein Ziel einmal nicht erreichen, machen sie sich nicht selbst zum Sündenbock, sondern wägen ab, an welchen Umständen und Bedingungen es gelegen haben könnte. Sie ziehen Schlüsse daraus und lernen aus ihren Erfahrungen, um bei einem nächsten Anlauf das Ziel zu erreichen.

Meist sind glückliche Menschen leistungsfähiger, origineller und kreativer und wirken auf andere anziehender und interessanter als die weniger glücklichen Zeitgenossen. Wir alle können üben, uns mehr und mehr in diese Glücksrichtung zu entwickeln.

Flow: Eins sein mit sich und der Welt

Glückserfahrungen sind keine reine „Glückssache“. Die Psychologie hat sich in den letzten Jahren sehr intensiv der Erforschung des Glücks zugewandt. Man vermutet einen Zusammenhang zwischen Glückserleben und körperlichen Prozessen. Beispielsweise haben glückliche Menschen weniger von dem Stresshormon Cortisol im Blut. Erhöhte Cortisolwerte spielen bei bestimmten Erkrankungen eine Rolle, zum Beispiel bei Bluthochdruck, Depressionen oder Diabetes. Ein erhöhter Fibrinogenanteil wurde bei Menschen festgestellt, die in ihrem Alltag nur wenige Glücksmomente haben. Ein solch erhöhter Wert zählt als Risikofaktor für Herz- und Gefäßerkrankungen.

Unglücklich zu sein kann also tatsächlich krank machen. Allein deshalb ist es unsere Aufgabe, für unser Wohlbefinden und unser Glück zu sorgen! Jeder sollte sich also ganz bewusst auf die Suche nach dem Glückserleben machen. Und das finden wir im Flow. Dies behauptet zumindest der Psychologieprofessor Mihaly Csikszentmihalyi. Mit dem Begriff Flow fand er die Bezeichnung für einen Zustand, in welchem Menschen völlig in einer Tätigkeit aufgehen, vollständig eins sind mit sich und der Welt, ein Zustand, in dem Fühlen, Wollen und Denken völlig im Einklang sind. In dem, was wir im Augenblick tun, gehen wir ganz auf und vergessen die Zeit und alles um uns herum. Die absolute Harmonie. Das Wort Flow heißt übersetzt so viel wie fließen, rinnen oder strömen. In solchen Momenten hat weder die Zeit eine Bedeutung, noch spielen wir selbst eine Rolle, das Handeln geschieht einfach und mühelos. Diese vollkommenen Glücksgefühle stellen sich dann ein, wenn wir uns ganz auf eine Tätigkeit konzentrieren. Dabei sollten wir uns selbst weder über- noch unterfordern: Die Überforderung würde Angst und Druck verursachen, die Unterforderung dagegen Langeweile.

Der Zustand des Flow lässt sich sogar messen. Atmung, Herzschlag und Blutdruck sind in einem idealen Bereich. Sind wir also in der Lage, unsere Aufmerksamkeit ganz auf das Loslassen einer Sache auszurichten, gelangen wir im besten Fall in den Loslass-Flow. Das Glück kommt dabei fast von selbst.

Das Flow-Erlebnis findet man häufig in kreativen Tätigkeiten, wenn wir uns darin versenken, ein Bild zu malen oder eine Skulptur zu formen. Aber auch, wenn wir ein gutes Buch lesen oder vor uns hin träumen, wenn wir guten Sex haben oder uns körperlich auspowern. In all den Tätigkeiten, in denen wir voll und ganz aufgehen, die Zeit um uns herum vergessen und einfach nur sind.

PROTOKOLL ZUR SELBSTREFLEKTION: Meine Glückslieferanten

* Was sind die wichtigsten Glückslieferanten in Ihrem Leben? Sind es Ihre Kinder, Ihre Liebesbeziehung, die Tatsache, in einem Verein zu sein, Ihr Beruf, der Sport, Ihre Wohnsituation, schöne Reisen? Schreiben Sie die wichtigsten Glückslieferanten auf und ordnen Sie diese den Aussagen unten zu:

  Was mich glücklich macht:

  Menschen, die mich glücklich machen:

  Situationen, die mich glücklich machen:

* Was waren Ihre bisher intensivsten beruflichen Glücksmomente?
* Was waren Ihre bisher größten privaten Glücksmomente?
* Was waren Ihre bisher intensivsten zwischenmenschlichen Glücksmomente?

Die Lebenszufriedenheit verbessern

Kleine Genussmomente reichen häufig schon aus, das Leben als angenehmer, wohltuender und glücklicher zu erleben. Ein schönes Lied im Radio, der Anblick eines blühenden Rapsfeldes, die liebevolle Massage des Partners oder das Betrachten eines Bildes: Solche Augenblicke können uns mehr Lebensfreude bringen, wenn wir uns ihnen hingeben. Auch kleine Anlässe, wie ein gutes Gespräch, das sich ganz zufällig ergibt, bringen uns mehr Lebensqualität, machen uns selbstsicherer, stärker und zuversichtlicher.

Manche dieser Augenblicke gilt es einfach zu genießen, wenn sie sich ergeben. Andere müssen und können geplant werden. Für die Partnermassage am Abend darf natürlich das Öl nicht fehlen und für einen netten Abend im Kino wird man schon vorher einmal in die Kinovorschau sehen. Besonders die Dinge, welche die Lebensfreude auf längere Sicht hin stützen sollen, müssen gezielt geplant werden. Mittelfristig können die unterschiedlichsten Dinge zu einem besseren Lebensgefühl führen. Ein Theaterbesuch kann ebenso anregend wirken wie ein besonderer Restaurantbesuch oder das Ausprobieren einer neuen Sportart.

Um langfristig das Lebensgefühl auf einem Wohlfühllevel zu halten, können Sie sich an Ihren Lebenszielen orientieren und zugleich an dem, was Sie im Gleichgewicht hält. Für viele Menschen sind Urlaubsreisen ein ganz wichtiger Ausgleichsfaktor. Die Vorfreude darauf, etwas anderes zu sehen, sich verwöhnen zu lassen und mit einem anderen Lebensgefühl in Kontakt zu kommen, lässt das Leben schon im Vorfeld leichter werden. Jeder von uns hat seine ganz speziellen „geheimen Schlüssel“, die den Quell der Lebensfreude zum Sprudeln bringt. Es ist schön, wenn äußere Ereignisse uns dabei helfen. Doch ist es sinnvoll, die eigenen Lebensfreude-Quellen selbst anzuzapfen.

Der Protokollbogen rechts ist deshalb ein Maßnahmenplan für mehr Lebensfreude im Alltag, mit dem Sie gezielt für Lebensfreude sorgen. Nehmen Sie sich etwas Zeit, um all das zu finden, was Sie konkret für sich tun wollen, um Ihre Lebensfreude zu erhöhen, Ihre Stimmung zu verbessern, sich wohlzufühlen.

PROTOKOLL ZUR SELBSTREFLEKTION: Lebensfreude in den Alltag holen

* Kurzfristig kann ich mein Wohlbefinden erhöhen, indem ich mir heute folgendes gönne:

  Auf der Arbeit: ____________ Zu Hause: ____________ In der Freizeit: ____________

  Was davon setze ich heute tatsächlich um?

  ____

* Wie können Sie sich mittelfristig wohltuende Momente verschaffen? Durch die Planung einer Urlaubsreise, eines Besuchs bei Freunden, durch die Planung eines Konzertbesuchs?

* Mittelfristig kann ich meine Lebenszufriedenheit erhöhen, indem ich plane:

  Auf der Arbeit: ____________ Zu Hause: ____________ In der Freizeit: ____________

* Wie können Sie langfristig Ihre Lebenszufriedenheit erhöhen? Durch eine berufliche Veränderung, Partnerschaftsseminare?

* Langfristig kann ich meine Lebenszufriedenheit erhöhen, indem ich:

  Auf der Arbeit: ____________ Zu Hause: ____________ In der Freizeit: ____________

  ____________ ____________ ____________

  ____________ ____________ ____________

  ____________ ____________ ____________

Die Anspruchshaltung an das Glück überdenken

Sehnsüchte, Wünsche und Bedürfnisse sind Richtungsweiser für das zukünftige Lebensglück. Legen Sie die Maßstäbe dabei nicht zu hoch an, denn Glück kann unter Druck nicht wachsen.

Wenn Sie sich vornehmen, Künstlerin zu werden und schon jetzt festlegen, dass Sie in wenigen Monaten Ihre Bilder ausstellen werden, entsteht Druck. Wahrscheinlich wird so Ihre kreative Glücksenergie nicht frei fließen können. Denn plötzlich geht es nicht nur darum, eine Sehnsucht zu erfüllen, sondern auch noch um Anerkennung durch andere. Wenn man sich dagegen vornimmt, einfach genau das entstehen zu lassen, was fließt, dann kann man den Moment des Schaffens als Flow erleben.

Dirk und Anja: Belastender Kinderwunsch

Anja hat herausgefunden, dass Dirk eine Affäre hat. Anja ist verzweifelt und überlegt, sich von ihrem Mann zu trennen. Sie meint, dass ihr Mann sie verlassen will, weil sie keine „richtige Frau" sei.
Auch Dirk ist traurig, dass es so weit gekommen ist. Er hat ein schlechtes Gewissen und bereut alles. Er will Anja erklären, wie belastend die letzten Jahre für ihn waren, und dass er einfach froh war, mit jemanden zusammen sein zu können, dem es nicht um ein Kind ging. Anja ist aber so in ihrem Kränkungserleben, dass noch kein Gespräch möglich ist.
Was Dirk und Anja tun könnten:

* Sie könnten sich trennen.
* Sie könnten Dirks Affäre als Wachstumschance für ihre Partnerschaft deuten und daraus lernen.
* Sie könnten bewusst gemeinsam betrauern, dass sie kein leibliches Kind miteinander haben können.
* Sie könnten sich überlegen, wie sie Lebensfreude in verschiedenen Bereichen in ihre Partnerschaft holen.

Loslassen und die Leichtigkeit des Unperfekten genießen

Da, wo es um Perfektion geht, schwingt oft mehr mit als die Verwirklichung der eigenen Sehnsüchte. Solche Vorgaben machen das Leben schwer. Außerdem entsteht wieder so etwas wie eine Opferhaltung: Wertet jemand das Ergebnis des Schaffens ab oder beurteilt es als schlecht, werden negative Gefühle aktiviert. Kurz: Man macht sich abhängig von der Bewertung anderer.

Wenn man sich vorstellt, wie schön es wäre, ein Bild zu zeichnen, ohne dass es gleich auf Anhieb perfekt sein muss und ohne dass es anderen gefallen muss, dann geht es um das Tun als solches. Damit nehmen Sie sich ernst.

Aus einem solchen erfüllenden Tun kann sich ein Glückssog entwickeln, der Sie mitten in die Lebensfreude hineinzieht, in die Verwirklichung innerster Sehnsüchte, in die innere Harmonie: den Flow!

EXPERIMENT: Der Glücksseismograph

Wie intensiv ist Ihr Gefühl der Lebensfreude auf einer Gefühlsskala von null bis hundert Prozent?

0 % ←	**50 %**	→ **100 %**
(gar nicht)	(Mittelmaß)	(am intensivsten)

Führen Sie diese Messung ruhig öfter durch und tragen Sie das Resultat immer wieder in Ihr Veränderungstagebuch ein. So können Sie Ihre Gefühlsskala immer wieder vergleichen und schauen, wann und wie für Sie die intensivsten Glückgefühle entstehen, mit wem oder mit was sie verbunden sind.

Lebensfreude in allen Lebenslagen finden

Die Beschäftigung mit Lebensbereichen, die uns mit Freude erfüllen, bringt Kraft und Wohlbefinden. Besonders interessant ist daher, in welchen Bereichen Sie persönlich Ihr Glück finden können. So bringen Sie nämlich Ihre Glücksenergien zum Fließen, die Sie wiederum zu noch mehr Lebensfreude führen.

Erfüllende Beziehungen stärken

Die Beziehung zu anderen Menschen liefert uns Motivation. Der Einsatz für Familie, Freunde und Arbeitskollegen, an deren Leben wir Anteil nehmen, liefert uns Glücksenergie und erfüllt uns mit Dankbarkeit. Der kleine Witz in der Arbeitspause, über den man gemeinsam lacht, ein paar warme Worte des Trostes oder das Anlehnen an die Schulter des Partners zeigen uns, dass wir geliebt und von anderen akzeptiert werden. Wir streben nach Individualität und brauchen doch die Gemeinschaft. Wir tragen und wir werden getragen.

Dem Leben Sinn und Bedeutung geben

Wir können heute unser Leben und unser Umfeld in einem hohen Maße selbst gestalten. Die meisten von uns können beispielsweise eine bestimmte Religion annehmen oder einer Weltanschauung folgen, die ihnen entspricht. Aber der ganz individuelle Sinn des eigenen Lebens erschließt sich dadurch nicht unbedingt. Er entsteht in einem langsamen Wachstumsprozess durch Fragen wie: Wozu tue ich das eigentlich alles? Welchen Sinn gebe ich meinem Leben?

Das Leben wird meist schon dadurch sinnvoller, dass wir es selbst in die Hand nehmen und mit Zielen versehen. Machen Sie sich immer wieder einmal bewusst, was der Sinn Ihres Lebens ist und welche Bedeutung Sie ihm verleihen.

Glück durch Überraschungen

Routine ist langweilig! Um die Freude an einer Tätigkeit zu behalten, brauchen wir ab und an eine Veränderung. Vielleicht sogar eine kleine Herausforderung. Forschungsergebnisse zeigen, dass unser Gehirn sich darüber freut: In Überraschungssituationen werden neue Nervenverbindungen erzeugt. Neues interpretiert das Gehirn als Chance, Verknüpfungen zu bilden. Allerdings sollte die neue Herausforderung weder zu einfach noch zu schwierig sein. Wir wollen gefordert werden, aber nicht überfordert. Gehen wir die neue Herausforderung mit Freude und Hingabe an, stellen sich bald viele gute Gefühle ein.

Glück durch körperliche Betätigung

Wir sorgen immer wieder selbst dafür, dass sich Glückshormone freisetzen. Beim Sport beispielsweise oder beim Sex. Körperliche Aktivitäten wie Tanzen, Walken oder Fahrrad fahren sind wunderbare Möglichkeiten, das körperliche Wohlbefinden bis hin zu Glücksgefühlen zu steigern. Dabei ist nicht die Art der Betätigung entscheidend, sondern dass wir überhaupt in Bewegung sind. Es stellt sich Wohlgefühl ein, währenddessen wir mit Körper und Seele genießen können. Manchmal kann die körperliche Aktivität sogar euphorisierend wirken, denn körperliche Betätigung zieht Befriedigung nach sich.

Glück durch Weiterentwicklung

Für das Glückserleben ist die Weiterentwicklung von entscheidender Bedeutung: Mag unsere Arbeit auch noch so interessant sein: Wenn wir tagtäglich das Gleiche tun, wird sie uns schon bald langweilig. Irgendwann sucht sich deshalb jeder Läufer mal eine neue Strecke. Wandel heißt Loslassen. Wenn wir etwas Neues finden wollen, damit wir nicht im Bereich der Unterforderung verweilen, bedeutet das natürlich auch, loszulassen, was war, alte Gewohnheiten aufzugeben und sich Neues zu erschließen, um den Flow wieder einmal zu erleben.

Erstellen Sie Ihren Glückskreis

A) Welches sind Ihre wichtigsten Glücksbereiche?
Stellen Sie sich vor, Sie stehen mitten in einem Glückskreis und die verschiedensten Arten des Glücks ziehen ihre Kreise um Sie. Manchmal kann das verwirrend sein und man ist sich nicht sicher, welcher Glücksbereich einem wirklich wichtig ist. Mit der Beantwortung der folgenden 49 Fragen wissen Sie sicher gleich mehr darüber, welche Bereiche Ihnen besonders wichtig sind.

B) Glücksbereiche im Vergleich
Für eine Vergleichsmöglichkeit können Sie auch gemeinsam mit Ihrem Partner oder einer Freundin an den Glückskreisen arbeiten: Jeder erstellt seinen eigenen Glückskreis, wobei die Fragen getrennt voneinander beantwortet werden. Danach können Sie Übereinstimmungen und Unterschiede sehen und sich darüber austauschen.

Mein Glückskreis:

TEST: Der Fragenkatalog zum Glückskreis

Bitte beantworten Sie die folgenden Fragen, indem Sie ankreuzen, was für Sie zutrifft. Wie Sie den Test auswerten, lesen Sie auf Seite 160.

Besonders glücklich oder froh macht mich folgendes:

	trifft zu	trifft teilw. zu	trifft nicht zu	Glücks-bereich
1. Meine Partnerschaft	3	2	1	**B**
2. Anerkennung meiner Arbeitsleistung	3	2	1	**A**
3. Freizeitvergnügen	3	2	1	**F**
4. Körperliche Leistung	3	2	1	**H**
5. Die Meditation	3	2	1	**S**
6. Wenn ich über meinem Hobby die Zeit vergesse	3	2	1	**K**
7. Lob von meinen Arbeitskollegen	3	2	1	**A**
8. Das Klönen mit meinen Kollegen	3	2	1	**B**
9. Meine Katze (oder anderes Haustier)	3	2	1	**N**
10. Klettern, Schwimmen, Tanzen oder Ähnliches	3	2	1	**H**
11. Das Gebet	3	2	1	**S**
12. Wenn ich etwas Schönes erschaffe	3	2	1	**K**
13. Besuch der Wellnessoase	3	2	1	**F**
14. Meine Kinder	3	2	1	**B**

		trifft zu	trifft teilw. zu	trifft nicht zu	Glücksbereich
15.	Ein Sonnenaufgang oder ein Regenbogen	3	2	1	**N**
16.	Körperlich anstrengende Tätigkeiten	3	2	1	**H**
17.	Ruhe und Erholung	3	2	1	**F**
18.	Wenn ich etwas herstelle	3	2	1	**K**
19.	Wenn ich mich körperlich so richtig verausgabe	3	2	1	**H**
20.	Wenn die Vögel mich durch ihr Gezwitscher wecken	3	2	1	**N**
21.	Mit Menschen lachen zu können	3	2	1	**B**
22.	Sport in meinem Verein	3	2	1	**H**
23.	Demut	3	2	1	**S**
24	Wenn ich etwas mit Farben, Formen oder Materialien gestalte	3	2	1	**K**
25.	Wenn mein Chef sagt, dass ich hervorragende Arbeit leiste	3	2	1	**A**
26.	Stille	3	2	1	**S**
27.	Ein Saunagang oder ein Solebad	3	2	1	**F**
28.	Wenn ich einen Wasserfall erkunde	3	2	1	**N**
29.	Wenn ich mich künstlerisch betätige und um mich herum nichts anderes mehr wahrnehme	3	2	1	**K**
30.	Stimmige Teamarbeit	3	2	1	**A**

	trifft zu	trifft teilw. zu	trifft nicht zu	Glücks-bereich
31. Dass ich meinen Körper fit halte	3	2	1	**H**
32. Fernreisen	3	2	1	**F**
33. Weihnachtsgeld	3	2	1	**A**
34. Eine Aktion mit der ganzen Familie	3	2	1	**B**
35. Vertrauen auf eine höhere Macht	3	2	1	**S**
36. Beziehung zu Tieren und Pflanzen	3	2	1	**N**
37. Wenn ich meine körperlichen Grenzen austeste und erreiche	3	2	1	**H**
38. Wenn ich mich ganz dem kreativen Schaffensprozess hingeben kann	3	2	1	**K**
39. Geld ausgeben	3	2	1	**F**
40. Beförderung	3	2	1	**A**
41. Dankbarkeit	3	2	1	**S**
42. Ein Spaziergang in der Natur	3	2	1	**N**
43. Wenn ich etwas Schönes bastle	3	2	1	**K**
44. Einkaufsspaß	3	2	1	**F**
45. Mit anderen etwas zu unternehmen	3	2	1	**B**
46. Erfolg der ganzen Firma	3	2	1	**A**
47. Meine Familie	3	2	1	**B**
48. Die Gemeinde	3	2	1	**S**
49. Ein Naturschauspiel anzusehen	3	2	1	**N**

Auswertung

In der rechten Spalte der Test-Tabelle finden Sie unter der Rubrik „Glücksbereich" jeweils einen Buchstaben. Jeder Buchstabe steht für einen Glücksbereich. Ordnen Sie nun die Punkte den entsprechenden Glücksbereichen zu, je nachdem welcher Buchstabe in der Zeile steht, in der Sie angekreuzt haben. So sehen Sie, wie viele Punkte Sie für den Buchstaben A, für den Buchstaben B ... vergeben haben.

Weiter unten können Sie nachschauen, welcher Buchstabe welchen Glücksbereich repräsentiert. Der Glücksbereich mit den meisten Punkten umgibt Sie direkt. Die Einteilung in diesem Glückskreis ist als Anregung gedacht: Selbstverständlich sind viele andere Anordnungen möglich, denn das Glück hat unendlich viele Facetten.

Glücksbereich	
Erreichte Punkte	
Glücksbereich **A:** Arbeit und Anerkennung	☐
Glücksbereich **F:** Freizeit und Konsum	☐
Glücksbereich **N:** Naturerleben	☐
Glücksbereich **H:** Körperliche Herausforderung	☐
Glücksbereich **S:** Spiritualität	☐
Glücksbereich **B:** Beziehungen	☐
Glücksbereich **K:** Kreativität	☐

Den persönlichen Glückskreis erstellen

* **Zu A)** Tragen Sie nun die Ergebnisse in Ihren persönlichen Glückskreis ein. Gefällt Ihnen Ihr Glückkreis? Oder wünschen Sie sich eine andere Verteilung Ihres Glücks? Wo liegt vielleicht zu wenig oder zu viel Ihrer Aufmerksamkeit? In welchen Bereichen könnten Sie Ihre Lebenszufriedenheit verbessern?
* **Zu B)** Nach der persönlichen Auswertung können Sie mit Ihrem Partner die zwei Glückskreise vergleichen und sich darüber austauschen. Vielleicht entwickeln Sie Ideen für eine zukünftige Verteilung mit mehr Gemeinsamkeit oder mit mehr Individualität.

Ritualarbeit: Die Glücksmetamorphose feiern

Wozu dieses Ritual dient und wie es wirkt:
Sie nehmen das Zeitalter des Glücks in Ihrem Leben unter Zeugen in Empfang. Damit manifestieren Sie Ihre guten Vorsätze, den Weg der Lebensfreude weiterzugehen.

So wird's gemacht:
Laden Sie einige wenige ausgewählte Menschen zu einer Feier Ihrer Glücksmetamorphose ein. Bitten Sie jeden Gast, ein persönliches Glückssymbol mitzubringen. Schmücken Sie den Ort der Feier wie einen kleinen Glückstempel mit Blumen, Duftkerzen, dazu sanfte Musik. Breiten Sie eine Decke auf dem Boden aus und verteilen Sie Sitzkissen für Ihre Gäste darauf. Für jeden Ihrer Gäste steht schon ein Glückstrunk bereit. Bei Ankunft legt jeder Gast sein persönliches Glückssymbol in die Mitte.

Nach der gemeinsamen Begrüßung und dem Anstoßen beginnen Sie von Ihrer Metamorphose ins Glück zu erzählen. Vielleicht von den Veränderungen der letzten Zeit und besonders vom dem, was in den neuen Zeiten nun gut läuft. Vielleicht auch, inwiefern Ihr Glückssymbol oder Ihre Glückskiste dazu beigetragen haben.
Anschließend darf jeder der Gastgeberin noch einen guten Wunsch sagen, damit sie den Weg der Lebensfreude mit Kraft und Energie noch lange weiter geht. Ein Beispiel: „Auch ich wünsche dir, dass du zukünftig leichter erkennst, wenn es dir gut geht.“ Oder: „Ich wünsche dir, dass du die vielen Chancen auf einen neuen Partner bemerkst, die sich immer wieder ergeben.“

Danach können auch die anderen Gäste reihum erzählen, was sie am Glück inspiriert und wie sie immer wieder aufs Neue Lebensfreude in sich aufnehmen.

Der sechste Schritt: Im Zauber der Lebensfreude

Herzlichen Glückwunsch: Sie haben es geschafft! Mit diesem letzten Schritt erfreuen Sie sich nun am Ausblick von Ihrem Glücksplateau. Genießen Sie die Zufriedenheit und das Gefühl, vollkommen mit sich selbst im Einklang zu sein.

> *Lebenskünstler erleben den Sommer so, dass er noch im Winter wärmt.* ALFRED POLGAR

Der sechste Schritt im Überblick

Am höchsten Punkt fest im Hier und Jetzt fest verwurzelt, gelingt Ihnen nun ein klarer Blick auf die Vergangenheit – und ein vorausschauender Blick in die Zukunft. Sie haben aus der Vergangenheit für die Zukunft gelernt. Und darum können Sie das Hier und Jetzt als glückreiche Zeit erleben.

Dazu gehört auch die Akzeptanz, die es uns möglich macht, den Rhythmus des Lebens anzunehmen. Kein Mensch wird ausschließlich im Glück schwimmen. Die Höhen und Tiefen des Lebens wechseln einander immer wieder ab.

Sie finden in diesem Kapitel noch einen Überblick über die Werkzeuge für Ihren Glücksbaukasten (siehe ab Seite 182). Sie haben viele Methoden, Übungen und Experimente kennengelernt, durch die es Ihnen mit der Zeit immer einfacher gelingen wird, loszulassen und glücklich zu werden. So sind Sie gewappnet für die Zukunft und können sich so auch unangenehmen Lebensthemen stellen und schwierige Zeiten durchstehen, um anschließend wieder freudig in die Lebensfreude einzutauchen.

Visualisierung: Das innere Paradies

Stellen Sie sich vor, Sie haben in Ihrer Seele ein inneres Paradies geschaffen: Sie selbst haben Ihre Seelenlandschaft so verwandelt, dass sie Ihnen gut tut. Alles ist so, wie Sie es sich immer gewünscht haben. Sie haben viel dafür getan, haben dafür lange Wege in Kauf genommen. Nun sind Sie angekommen!

In Ihnen herrscht ein paradiesischer Zustand von Wohlbefinden, Glück und Gesundheit.

Wie sieht sie aus, Ihre paradiesische Seelenlandschaft: Ist sie weitläufig oder eher klein und abgeschlossen? Statten Sie Ihr inneres Paradies weiter nach Ihren Wünschen und Bedürfnissen aus. Vielleicht mit einem kleinen Teich oder einem fließenden Gewässer, vielleicht mit bunten Blumen oder einem dichten Wald. Vielleicht möchten Sie auch Menschen hineinlassen, die Ihnen gut tun.

Was Sie sich wünschen, wird sich erfüllen in Ihrem inneren Paradies, weil Sie es sich selbst gestatten.

Doch so leicht wie die Bilder aufkommen, so leicht vergehen sie auch wieder. Geht man eine Zeit lang zu sorglos mit dem inneren Paradies um, lauert dort auch immer die Gefahr, sich unglücklich zu fühlen, denn jede Welt besteht aus Gegensätzen.

Ihr inneres Paradies braucht den Tag und die Nacht, die Sonne und den Regen, den Sommer und den Winter, erst dann ist es ganz. Glück und Leid liegen oft eng beieinander.

Wenn es Ihnen auch im wirklichen Leben möglich ist, den Zeiten von Wohlbefinden, Glück und Gesundheit eine ebenso große Bedeutung zuzumessen wie den Zeiten der Enttäuschung, des Leids und der Krankheit, dann haben Sie wirklich Ihr inneres Paradies gefunden!

Auf dem Gipfel des Glücksberges

Sie sind nun einen unbequemen Weg gegangen und haben sich in den unterschiedlichsten Weisen darin geübt, sich auf ein glücklicheres Leben einzustellen. Wenn Sie bis hierher nicht nur gelesen haben, sondern den Weg des Lebensglücks gegangen sind, dann werden Sie sicher überrascht sein, wie viel kreatives Lösungspotential Sie entfalten konnten.

Unsere Seele verfügt über wunderbare Selbstheilungskräfte, die die einzelnen Komponenten des Veränderungsgeschehens vom Loslassen bis ins Glück aufeinander abstimmen. Indem Sie Kraft und Energie für Ihre Glücksmetamorphose aus sich selbst heraus gewinnen konnten, haben Sie es geschafft, den Weg ins Glück zu gehen.

Der Weg war sicher nicht immer einfach, aber mit jedem leidvollem Loslassen bekommt man mehr und mehr Abstand zum Geschehen. Man wird gelassener, löst sich von Abhängigkeiten, schädlichen Gewohnheiten und befreit sich von inneren Blockaden. Schauen Sie sich auf dem Gipfel Ihres Glücksbergs in aller Ruhe um. Genießen Sie den Augenblick, das was Sie geschafft haben, und das, worauf Sie sich vorbereitet haben. Die Fülle des Lebens offenbart sich im JETZT.

Claudia und Frank: Die konstruktive Lösung des unerfüllten Kinderwunsches

Claudia und Frank engagieren sich in einem Verein, der junge Mütter unterstützt. Als Ersatzgroßeltern fühlen sie sich eigentlich noch viel zu jung, haben sich aber damit arrangiert, dass es nur eine Bezeichnung ist. Einmal in der Woche schneit ihnen nun ein Kind ins Haus, das sie für ein paar Stunden betreuen. In dieser Zeit nennen sie sich Oma und Opa und albern dabei herum, als wären sie Teenager. Durch die Kinder im Verein haben sie ganz neue Seiten an sich entdeckt. Sie spielen Spiele, von denen sie noch nie etwas gehört haben und lernen zu basteln. Für beide ist das eine ganz neue Welt, der perfekte Ausgleich zu ihrem Beruf und ein wunderbarer Glückslieferant.

Gelungenes Loslassen – Gradmesser des Glücks

Auch wenn Sie vielleicht den glücklichsten Punkt Ihres Lebens noch gar nicht erreicht haben, wissen Sie doch, wie schön das Leben sein kann. Immer wieder bietet uns das Leben auch Höhepunkte des Glücks an. Nach erfolgreich durchlaufenem Glücksweg können Sie nun auf Ihren Loslass-Prozess zurückblicken und jetzt einige Punkte ganz anders sehen, als Sie das anfangs getan haben. Vielleicht wollten Sie ursprünglich Ihren Partner verlassen, konnten aber zu einer gemeinsamen Lösung finden, indem Sie einschränkende Ideen und Vorgaben auflösen konnten? Vielleicht haben Sie aber auch eine Beziehung in Ihrem Leben losgelassen, weil diese Sie unglücklich gemacht hat?

Im Fall des gelungenen Loslassens wird Sie in jedem Fall etwas bewegt haben. Ohne Seelenberührung wird sich kaum eine Veränderung ins Glück einstellen. Das Festhalten zu überwinden und loszulassen, ist deshalb von so großer Bedeutung, weil das Ergebnis eine Art Anhaltspunkt oder „Gradmesser" für alles darstellt, was danach kommt. An einer solchen Glückssituation kann man gut messen, wie wohl man sich in seiner Haut fühlen kann und was man alles aus eigener Kraft erreichen kann.

Katja: Sicherheit und Vertrauen gewinnen

Katja hat sich aus ihrer Verletzlichkeit noch nicht ganz gelöst. Dennoch fasst sie immer mehr Mut, sich auf neue Menschen einzulassen und ist auf einem guten Weg. Sie experimentiert damit, wie weit sie sich anderen Menschen anvertrauen kann, was für sie gut ist und womit sie sich wohlfühlt. Geblieben ist die Vorsicht, dass es immer Menschen gibt, die Grenzen anderer nicht respektieren.

Was Katja für sich tun kann, um auf lange Sicht abzuschließen:

* Sie kann sich Lebenssinn und Glück in Bereichen außerhalb ihres Berufes erschließen.
* Sie kann sich in einer optimistischen Grundhaltung üben.
* Sie kann sich befreien, indem sie verzeiht.

Jeder kleine Neubeginn ist eine große Chance

Selbst wenn ein wohltuender Moment nur eine Sekunde dauert, kann seine Wirkung nachhaltig sein: Für einen Moment spüren wir unseren Selbstwert, unsere Freiheit, unsere Inspiration und unseren Mut, Liebe und Dankbarkeit. Vielleicht kehren Sie danach in Ihren alten Trott zurück, aber Sie genießen noch die Nachwirkung der inneren Wärme, ein gewisses Gefühl, das Ihnen Hoffnung macht und Sicherheit gibt und Sie spüren lässt, dass Sie eins sind mit der Welt.

Erinnern Sie sich doch in schwierigen Situationen daran, welche fast schon unbegrenzten Entfaltungsmöglichkeiten Sie im Loslass-Prozesses aktivieren konnten und welches unendliche Sortiment an Lebensfreude die Welt in Zeiten des Glücks für Sie bereit hält. Diese Lebensfreude verleiht Ihnen Energie, löst Begeisterung aus und erhöht den Pulsschlag des Lebens. Lebensfreude erweitert den Horizont, bringt neue Perspektiven und lässt Entdeckerqualitäten in uns erblühen. Lebensfreude zieht viele positive Gefühle nach sich und macht es uns leicht, unsere Persönlichkeit weiter zu entfalten.

PROTOKOLL ZUR SELBSTREFLEKTION: Mein Loslass-Prozess im Rückblick

Sehen Sie sich doch Ihren Weg ins Glück einmal im Rückblick an: Was war der auslösende Moment für Ihre Entscheidung, etwas zu verändern?

* Wie fühlte sich das Festhalten an?

  ____

  Auf seelischer Ebene:

  ____

  Auf körperlicher Ebene:

  ____

  Auf geistiger Ebene:

  ____

* Wie fühlte sich das Loslassen an?

  Auf seelischer Ebene:

  Auf körperlicher Ebene:

  Auf geistiger Ebene:

  ---

* Welche „alten" Gefühle schwangen beim Loslassen mit?

  ---

* Welche Veränderungen auf der Verhaltensebene waren Ihnen hilfreich für das Loslass-Geschehen? Welche Reaktionsweisen waren erfolgreich?

  ---

* Inwiefern haben sich Ihre Ziele vom Beginn des Prozesses bis jetzt verändert?

  ---

* Welche Erfolge haben Sie ganz konkret für sich zu verbuchen?

  ---

* Was gefällt Ihnen an Ihrer derzeitigen Situation? Können Sie genießen, was Ihnen gelungen ist?

  ---

* Gibt es noch einen oder mehrere Punkte, in denen Sie anders sein möchten, als Sie sind? In welche Richtung wollen Sie sich weiterentwickeln?

  ---

* Was bräuchten Sie für eine solche Weiterentwicklung? Wie viel Kraft wären Sie noch bereit, zu investieren?

  ---

* Wie wäre es erst einmal mit einer Ruhephase?

Die Höhen und Tiefen des Lebens

Oft werden wir gerade dann unachtsam, wenn wir etwas erreicht haben, auf das wir lange hingearbeitet haben. Am Ziel angekommen übersehen wir die kleinen und großen Stolpersteine des Lebens. Vielleicht hofft man bei der nächsten Schwierigkeit auch einfach darauf, dass sie sich ebenso plötzlich wieder verflüchtigt wie sie aufgetaucht ist. Vielleicht versucht man das Problem auch zu umschiffen, nimmt eine entsprechend längere Strecke zum Ziel in Kauf oder einen unbequemeren Weg. Insgesamt müssen wir aber oft plötzlich wieder viel mehr Energie aufwenden, um das Ziel zu erreichen, als wir geplant haben.

Bleiben Sie achtsam auf dem Weg des Glücks

An einem Wendepunkt des Lebens geht es meist um eine seelische Anpassungsleistung. Es geht darum, sich mit einer unerwünschten Situation auseinanderzusetzen und auch, sich mit dem zu arrangieren, was man nicht ändern kann. Gelingt das nicht im gleichen Tempo des Geschehens, entsteht eine Blockade. Gedanken, Gefühle und Reaktionsweisen sind nicht frei fließend und man gerät in eine seelische Schieflage. Wenn Sie vielleicht eine Zeit lang zu nachsichtig mit sich sind und alte Ängste oder einschränkende Gedanken wieder aufkeimen lassen, bieten Sie den dunklen Gefühlen ein Zimmer in Ihrem Haus an. Eine kleine Niederlage oder ein geringer Verlust kann dann schon dazu führen, dass man wieder in den altbekannten, freudlosen Zustand zurück verfällt. Oft geschieht das so schleichend, dass man davon erst einmal wenig mitbekommt. Meist greifen wir in solchen Situationen auf Ablenkungsmöglichkeiten zurück, die wir aus früheren Zeiten schon gut kennen: eine Zigarette zur Beruhigung, eine Tablette zum Einschlafen oder ein Gläschen Wein, um sich zu betäuben. Man mag vielleicht gar nicht mehr aufstehen, es verschlägt einem den Appetit oder man tröstet sich mit Süßigkeiten. All diese Verhaltensweisen haben sich lange eingeschliffen, darin sind wir gut trainiert. Die neuen Möglichkeiten, die wir uns in einem Veränderungsprozess nach und nach erschließen, sind dagegen noch sehr jung und ungewohnt. Sie müssen erst wachsen und immer wieder eingesetzt werden, damit sie schließlich im richtigen Moment abrufbereit sind. Bleiben wir also achtsam, auch in glücklichen Zeiten.

ÜBUNG:
Verschiedene Rollen ausprobieren

Ziel und Wirkung der Übung:
Schafft Verständnis für andere, denn jeder Mensch geht anders an Situationen und Probleme heran.

So wird's gemacht:

* *Versuchen Sie doch einmal, die unterschiedlichen Rollen einzunehmen, die Sie selbst in Ihrem Veränderungsprozess an verschiedenen Stellen der Entwicklung eingenommen haben:*
  die Rolle des Festhaltenden
  die Rolle des Loslassenden
  die Rolle der Lebensfreudigen
  die Rolle als Opfer der Umstände
  die Rolle als Lebensgestalter
* *Spüren Sie dem Gefühl der jeweiligen Rolle nach, dem Körperempfinden und dem damit einhergehenden Denken.*
* *Welche Rolle gefällt Ihnen besser?*

Hinweis zur Rückfallprophylaxe:
Wenn Sie einen Rückfall als dramatisch bewerten, wird er es auch sein. Ja: Ein Rückfall bringt Sie wieder ins Schwanken und Sie brauchen erneut Kraft und Motivation, um wieder herauszufinden. Aber an dieser Stelle wissen Sie ganz genau: Sie haben es schon einmal geschafft! Sie schaffen es auch wieder und wieder!

Den Fallen des Lebens entgehen

Sollten Sie wieder einmal von einem einschneidenden Ereignis in Ihrem Leben überrollt werden und in eine emotionale Schieflage geraten, mobilisieren Sie Ihre inneren Kräfte. Beginnen Sie wieder damit, Ihre Konzentration zeitweilig bewusst auf Ihre Wahrnehmung zu lenken. Beginnen Sie von vorn, was Sie bereits einmal erfolgreich durchlaufen haben. Fragen Sie sich, was Sie selbst ändern können und an welchen Stellen des Lebens Sie eventuell zu sehr in einer Position verharren. Bauen Sie Ihre Flexibilität aus, indem Sie in schwierigen Situationen unterschiedliche Verhaltensstrategien ausprobieren.

Blockaden, Hindernisse und Vorstellungsveränderungen machen manchmal eine Änderung des ursprünglichen Plans notwendig. Je mehr wir uns darin üben, flexibel auf Situationsveränderungen zu reagieren, umso leichter werden wir es haben, LOSZULASSEN und wieder den Weg ins Glück zu finden. Es gibt nicht nur eine einzige Lösung, man kann sich noch immer Plan B oder C überlegen. Der kreative Umgang mit neuen Lösungen kann trainiert werden wie ein Muskel: Je häufiger man ihn benutzt, desto kräftiger wird er! Trainieren Sie Ihre Fähigkeiten beim Problemlösen ebenso und Sie können sich immer besser auf Ihre wachsende Kompetenz verlassen. Vielleicht hilft es Ihnen auch, sich hinter jedem Lebenshindernis eine Herausforderung vorzustellen, die Sie im Leben reifen lässt.

Auch das Dunkle genießen

Oft geht mit dem Versuch des Loslassens eine gesteigerte Empfindsamkeit einher und die Angst vor dem, was kommt. Schuldgefühle, überhöhte Erwartungen oder Selbstvorwürfe machen uns blind und taub für Lebensfreude und Glück.

Üben Sie sich in Optimismus! Vielleicht erinnern Sie sich: Menschen mit einer optimistischen Lebenseinstellung schreiben eine Niederlage eher den Umständen zu, lernen aus ihren Fehlern, sprechen sich Mut zu und nehmen einen neuen Anlauf zum Ziel.

Dass die Welt manchmal einfach dunkel erscheint, können wir ab und zu sogar ein wenig genießen. Denn manchmal geht es nur darum, sich eine Ruhephase zu gönnen. Vielleicht haben Sie hin und wieder das Gefühl, sich einigeln und etwas Abstand von der Welt gewinnen zu wollen, einfach mal im Bett zu bleiben, fernzusehen, zu lesen, zu dösen, kurz: das Bedürfnis, sich in sich selbst zu verkriechen. Gönnen Sie sich auch solche Zeiten – unter der Voraussetzung, so lange diese Ihnen gut tun!

PROTOKOLL ZUR SELBSTREFLEKTION: Rückfallprophylaxe

* Was können Sie dafür tun, sich weiter wohlzufühlen?

___

___

* An welchen Hinweisen würden Sie erkennen, dass Sie vom Weg der Lebensfreude abkommen?

___

___

* Wie lange könnten Sie eine unangenehme Zeit durchstehen, ohne dass es schädlich für Sie wird?

___

___

* Welche Hindernisse im Genuss der Lebensfreude könnte es geben? Auf welche können Sie sich bereits jetzt vorbereiten? Wie?

___

___

* Was könnte Ihnen in einem solchen Fall helfen? Welche Übung hilft Ihnen, sich sofort wieder auf Lebensfreude zu programmieren? Vielleicht auch eine besondere Visualisierung?

___

___

* Vielleicht versuchen sich Körper, Geist und Seele nach einer anstrengenden Phase wieder ins Gleichgewicht zu bringen. Geben Sie sich dann ruhig auch der Langeweile einfach einmal hin. Vielleicht ist es wirklich an der Zeit, mit einem Buch im Bett liegen zu bleiben oder durch die Fernsehkanäle zu zappen. Sie könnten Ihr Lieblingsparfüm in der ganzen Wohnung versprühen und es sich mit einer Wärmflasche auf der Couch gemütlich machen. Sie können stundenlang in einem üppigen Schaumbad faulenzen, Ihre Lieblingsmusik genießen und gar nichts tun oder eine Duftkerze anzünden und vor sich hin träumen, während die Kerze langsam herunterbrennt.

Unsere Seele braucht ab und zu Pausen, genau wie unser Körper. Was gut tut, ist genau richtig.

ÜBUNG:
Die zwei Seiten des Lebens

Ziel und Wirkung der Übung:

Man nimmt wahr: Auf eine schlechte Phase folgt wieder eine gute, an der Glückslinie wird das sehr häufig deutlich. Oft bringen uns die schlechten Zeiten auch einen immensen Entwicklungsschub.

So wird's gemacht:

* *Nehmen Sie sich ein Blatt Papier und lassen sich darauf ein, sich von den Höhen und Tiefen ihres Lebens leiten zu lassen. Suchen Sie sich ein schönes Papier aus, es darf ruhig farbig sein, am besten legen Sie es quer vor sich hin.*
* *Nun zeichnen Sie eine Linie quer über die Mitte des Blattes. Schreiben Sie links an den Beginn der Linie Ihr Geburtsdatum. Von da an markieren sie nun die Höhen Ihres Lebens oberhalb der Linie, die Tiefen unterhalb dieser Linie. Die obere Hälfte des Blattes ist also die Glücks-, die untere die Unglücksseite.*

* *Nun verbinden Sie die Glückspunkte und die Unglückspunkte in zeitlicher Abfolge miteinander.*
* *Welcher Glücksverlauf ist entstanden?*
* *Welcher Seite messen Sie mehr Bedeutung bei?*

Wohin soll es nun gehen?

Wer am Ende seines Lebens möglichst wenig bereuen möchte, sollte sich rechtzeitig daran machen, seine Sehnsüchte zu verwirklichen. Denn wenn sich das Leben dem Ende zuneigt, bereuen viele Menschen vor allem das, was sie NICHT getan haben: verpasste Gelegenheiten, ungenutzte Chancen, ungelebte Träume oder unerreichte Ziele. Das sind die Dinge, die im Nachhinein Bedauern auslösen. Man bereut, zu wenig gewagt und auf zu viel verzichtet haben – meist aus der Befürchtung heraus, von anderen dafür schlecht beurteilt zu werden. Der Tod ist ein Teil des Lebens. Wenn wir unsere eigene Sterblichkeit annehmen, unsere eigene Endlichkeit, können wir uns auf das konzentrieren, was wir in diesem irdischen Leben wirklich wollen.

Brigitte: Sich Zeit nehmen, um sich auszuprobieren

Brigitte ist voller Energie: Sie hat erfolgreich abgenommen und die Freude am Sport beibehalten. Sie hat zur Probe an verschiedenen Ausbildungsmöglichkeiten teilgenommen: von der Ernährungsberaterin über die Kosmetikerin bis zur Heilpraktikerin. Hierbei fühlte sie sich am wohlsten. Obwohl ihre Ausbildung zur Heilpraktikerin noch dauert, hat sie gerade begonnen, an zwei Nachmittagen in der Woche in der Praxis eines Heilpraktikers mitzuarbeiten. Der Kontakt zu den Patienten und zu den Kollegen macht Brigitte große Freude. Endlich hat sie das Gefühl, in ihrem eigenen Leben angekommen zu sein.

Sich die eigene Endlichkeit bewusst zu machen, gibt einem auch die Chance, sich der Gegenwart zuzuwenden. Wir sollten jeden Tag genießen und dankbar dafür sein, dass wir all das erleben dürfen – das Leben von Moment zu Moment genießen. Das Lachen spüren und die Freude, die Traurigkeit und die Müdigkeit und den inneren Frieden. Wenn Sie an verschiedenen Stellen des Alltags einmal innehalten und in sich hinein spüren, sich auf sich einlassen, werden Sie diese Herzensfreude bemerken. Vielleicht können Sie auch in diesem Augenblick jetzt die Lebensfreude spüren, die immer dann aufkommt, wenn wir mit uns selbst in einem guten inneren Kontakt sind. In einem solchen Augenblick hören wir das Rauschen des Windes am Fenster, sehen, wie der Mond höher steigt, wie die Flammen das Feuerholz zu Asche verwandeln, wie das Licht sich in einer Pfütze spiegelt.

In solchen Augenblicken sind wir frei.

Die Zeit steht still.

Wir spüren den inneren Frieden.

Wir sind frei von Wünschen, frei von Bewertungen, frei von Ängsten und frei von Sorgen. Und obwohl wir wissen, nichts währt ewig, ist doch gerade jetzt alles gut. Vergangenheit und Zukunft vereinigen sich in der Gegenwart. Und plötzlich ist alles EINS.

EXPERIMENT: Die eigene Endlichkeit spüren

Machen Sie sich doch einmal Ihre eigene Endlichkeit bewusst: Stellen Sie sich einmal vor, das, was uns so selbstverständlich umgibt, kommt nie wieder.

Wir hören den anderen nicht mehr atmen, hören nicht mehr den Klang seiner Stimme, berühren nicht mehr seine Haut, schmecken ihn nicht mehr, riechen nicht mehr seinen Duft.

Wenn wir uns das immer wieder einmal klar machen, dann wird der Moment in der Gegenwart so kostbar wie niemals zuvor.

PROTOKOLL ZUR SELBSTREFLEKTION: Am Ende des Lebens zurückblicken

* Welche Wünsche wollen Sie sich am Ende Ihres Lebens erfüllt haben?

* Was wollen Sie Ihrem Partner mitgeben?

  Auf gedanklicher Ebene:

  Auf seelischer Ebene:

  Auf der Handlungsebene:

* Was wollen Sie Ihren Kindern von sich mitgeteilt haben?

  Auf gedanklicher Ebene:

  Auf seelischer Ebene:

  Auf der Handlungsebene:

* Was möchten Sie, dass Ihr Partner einmal im Rückblick über Sie erzählt? Und Ihre Kinder? Was sollen diese Ihren Enkeln über Sie mitgeben?

* Sorgen Sie dafür, dass sich Ihre Wünsche erfüllen.

AFFIRMATION:
Der richtige Begleiter im sechsten Schritt

»Ich bringe mich immer wieder ins Gleichgewicht." Oder: „Ich glaube an mich selbst und meistere die Herausforderungen des Lebens."
Finden Sie Ihre Affirmation und lassen sich von ihr durch den sechsten Schritt begleiten.

Würdigen, was ist

Würdigen Sie das, was Sie geschafft haben, auch ausreichend? Loben Sie sich für das, was Ihnen gelungen ist? Oder ist alles Gelungene selbstverständlich und jedes Missgeschick „unverzeihlich"? In diesem Fall besteht da noch ein Missverhältnis: Würdigen Sie sich selbst. Loben Sie sich, klopfen Sie sich auf die Schulter und belohnen Sie sich, wenn Sie ein Ziel auch wirklich erreicht haben. Achten Sie darauf, wann Ihnen etwas gelingt, denn auch kleine Schritte in die richtige Richtung führen zu größeren Zielen.

Es gilt immer wieder, die Höhen und Tiefen des Lebens auszugleichen, denn unser aller Leben verläuft in Wellenbewegungen. Täglich fordert uns das Leben dazu auf, uns auszugleichen und wieder ins Gleichgewicht zu bringen, im alltäglichen Kleinen ebenso wie innerhalb längerer Zeitabschnitte. In glücklichen Zeiten wollen wir die ganze Welt umarmen, sind voller Tatendrang, voller Kraft und Energie. Doch die nächste Talfahrt kippt das gute Lebensgefühl, so dass Ängste, Sorgen und Spannungen sich wieder in den Vordergrund drängen.

Wenn die guten Zeiten für selbstverständlich erachtet werden und der eigene Einsatz in Sachen Glückserleben kaum Anerkennung findet, wird der Ausgleich zu den schweren Zeiten sehr schwierig. Denn für diese schweren Zeiten benötigen Sie all die guten Gefühle aus der glücklichen Zeit. Ihr gutes Gefühl zu einem abgeschlossenen Arbeitsvorgang oder Ihre Erinnerung an eine Selbstbelohnung. All das wirkt in uns nach. Suchen Sie sich weiterhin ganz bewusst Situationen, in denen Sie sich gut fühlen und die Sie mit Lebenserfüllung oder Glücksgefühlen verbinden. Mit der Zeit wird Ihnen immer leichter fallen, positive Gefühlszustände abzurufen. Unser Gehirn findet ständig neue Bahnen, um sich einen Glücksweg zu schaffen.

Auch Abwechslung macht glücklich: Sorgen Sie deshalb dafür, dass Ihr Leben nicht zu eintönig wird. Menschen erfreuen sich an der Abwechslung der Genüsse. Die leckerste Schokoladentorte reizt einen irgendwann nicht mehr, wenn man sie jeden Tag vorgesetzt bekommt. Suchen Sie bewusst nach Abwechslung in verschiedenen Bereichen des Lebens. Probieren Sie eine andere Sportart aus, gestalten Sie Ihre Arbeitsabläufe anders, kochen Sie mal indisch oder gehen Sie mal in die Infrarotkabine statt in die Sauna. Das Leben bietet uns eine ungeheure Vielfalt an Möglichkeiten, immer wieder Glückswahrnehmungen zu machen. Schaffen Sie sich in Ihrer Fantasie Ihren Wohlfühlort, an dem Sie immer wieder Energie aufladen können. Selbst während der Arbeit bemerkt es niemand, wenn Sie kurz mal dorthin entwischen. Diese Energie nehmen Sie anschließend mit in Ihren Alltag. Ein Auftanken wird sich auch in Ihren Arbeitsabläufen positiv bemerkbar machen.

Feiern Sie immer wieder Ihr Gelingen. Sie selbst haben den Erfolg bewirkt, Sie haben für das Gelingen Ihres Lebens die Verantwortung übernommen! Ihr Glück ist Ihr Verdienst und der muss gebührend gewürdigt, gefeiert und belohnt werden.

EXPERIMENT: Innehalten

Probieren Sie hin und wieder einmal aus, wie es ist, wenn Sie: I N N E H A L T E N.

Wir können unser Leben planen, indem wir immer höher, weiter und schneller werden wollen – oder einfach einmal innehalten, zur Ruhe kommen und genießen, was sich uns gerade bietet.

TEST: Sind Sie nun ein Glücksexperte?

Bitte kreuzen Sie an, welche Aussagen zutreffen und welche nicht.

Aussage	Eher ja	Manch-mal	Eher nein
An jedem Tag gibt es Situationen, die mir Freude bringen.	☐	☐	☐
Ich übe mich in einer optimistischen Lebenshaltung.	☐	☐	☐
In meinem Leben gibt es Menschen, die für mich da sind und für die ich da bin.	☐	☐	☐
Den Flow erlebe ich ab und an, wenn ich mich auf bestimmte Tätigkeiten einlasse.	☐	☐	☐
Niederlagen bewerte ich zunehmend als Herausforderungen und sehe zu, dass ich für die Zukunft daraus lerne.	☐	☐	☐
Ich sorge für Inspiration.	☐	☐	☐
Es freut mich, wenn ich anderen Menschen eine Freude mache.	☐	☐	☐
Meine Chancen sehe und nutze ich.	☐	☐	☐
Ich kann mich dunklen Gefühlen stellen und mich dennoch auf Optimismus ausrichten.	☐	☐	☐

Aussage	Eher ja	Manch-mal	Eher nein
Ich sorge für mein körperliches und seelisches Wohlbefinden.	☐	☐	☐
Meinen Alltag gestalte ich abwechslungsreicher als früher.	☐	☐	☐
Auf meinen Loslass-Prozess blicke ich zurück.	☐	☐	☐
Ich baue gezielt kleine Glücksinseln in meinen Alltag ein.	☐	☐	☐
Ich genieße gezielt die guten Zeiten, damit ich besser durch schwierige Zeiten komme.	☐	☐	☐
Ich erlaube mir immer mehr, auch in schwierigen Situationen einige Aspekte des Lebens in vollen Zügen zu genießen.	☐	☐	☐
Ich glaube, dass ich etwas bewirken kann.	☐	☐	☐
Die Auseinandersetzung mit meiner Persönlichkeit ist sehr aufschlussreich.	☐	☐	☐
Ich weiß, wofür ich lebe. Meine Ziele habe ich klar vor mir.	☐	☐	☐
Das Leben bietet eine unglaubliche Fülle an Möglichkeiten.	☐	☐	☐
Es ist lohnend, sich für sich selbst und für andere einzusetzen.	☐	☐	☐

Auswertung

Geben Sie sich für jedes Ja drei Punkte, für jedes Manchmal zwei und für jedes Nein einen Punkt. Zählen Sie Ihre Punkte zusammen.

45 bis 60 Punkte: Eine gelungene Glücksmetamorphose
Herzlichen Glückwunsch: Sie haben die Glücksmetamorphose erfolgreich durchlaufen! Man kann mit Fug und Recht behaupten, dass Sie ein echter Glücksexperte sind. Sie nehmen Glückssituationen wahr und können sie genießen. Ihre Vorstellungen vom Glück sind realistisch, und Sie sorgen selbst für Lebensfreude in Ihrem Alltag. Das bringt Ihnen Kraft und Energie für schwierigere Zeiten. Sie haben ganz wunderbar an sich gearbeitet. Wenn Sie so weitermachen, geht es Ihnen weiterhin gut! Zum Glück!

31 bis 44 Punkte: Sie sind nicht weit vom Glück entfernt
Sie wissen genau, was es bedeutet, ein glückliches Leben zu führen und sind nicht mehr weit vom Ziel entfernt. Sie sind ein bisschen wie ein Glücksgourmet, der sich nur das Besondere gönnt: Einfachen Genüssen können Sie nichts abgewinnen. Dennoch bekommen Sie so manch eine Glücksportion ab, die ganz schön nahrhaft ist. Versuchen Sie herauszufinden, an welchen Stellen des Lebens Sie noch Verwicklungen zulassen und machen Sie sich daran, Ideen zur Verbesserung Ihrer Lebenszufriedenheit zu entwickeln. Nehmen Sie Ihre Glücksimpulse ernst.

20 bis 30 Punkte: Nur Mut zum Glückstraining!
Sie ziehen Ihre Erkundungsrunden noch recht weit, immer mit wachsamer Distanz zum Prozess der Veränderung. Trauen Sie sich doch ruhig etwas mehr zu. Was kann schon passieren, wenn Sie sich dem Glück nähern? Vielleicht analysieren Sie noch einmal eingehend, woran das genau liegen könnte. Schauen Sie ruhig auch einmal die Checkliste unten an, manchmal ist es sinnvoller, sich an einen Experten zu wenden. Wir müssen im Leben nicht alles allein schaffen (siehe rechts).

CHECKLISTE: Wann Sie professionelle Hilfe suchen sollten

Haben Sie das Gefühl, dass es trotz aller Bemühungen einfach nicht klappen will? Hier finden Sie einige Hinweise dazu, wann die Zeit gekommen ist, professionelle Hilfe in Anspruch zu nehmen:

* Wenn Ihr Loslass-Thema Ihnen viel größer und schwerwiegender erscheint als die in diesem Buch beschriebenen Fallbeispiele und Sie daher keinen Ansatzpunkt finden.
* Wenn Ihr Loslass-Thema Ihnen innerlich starken Druck macht.
* Wenn Sie Ihr Loslass-Thema trotz mehrerer Anläufe auch diesmal wieder nicht allein in den Griff bekommen können.
* Wenn Ihr Loslass-Thema schon lange besteht und mit vielen Sorgen, Ängsten und Belastungen einhergeht.
* Wenn Ihr Alltag durch das Festhalten, durch Ängste oder Zwänge eingeschränkt ist.
* Wenn Sie innerlich sofort ins Grübeln kommen, sobald Ruhe eintritt, und Sie diese Grübeleien nicht willentlich abstellen können.
* Wenn Gefühle von Antriebslosigkeit und innerer Leere immer schon da waren oder immer häufiger werden.
* Wenn Ihre körperlichen Verspannungen sich häufen, Ihre Beschwerden länger andauern oder langsam chronisch werden.
* Wenn Sie verbissen an einem Ziel festhalten, das eigentlich schon längst nicht mehr in Ihr Leben passt.
* Wenn andere Menschen Ihnen schon öfter dazu geraten haben, mal einen Experten zu Rate zu ziehen.
* Wenn Ihre Gedanken auch nachts nicht zur Ruhe kommen und die Schlaflosigkeit Ihnen längere Zeit Probleme bereitet.
* Wenn Sie einen Zustand von Wohlbefinden und innerer Ruhe kaum kennen oder diesen einfach nicht genießen können.
* Wenn es Ihnen so erscheint, dass das Leben keinen oder nur wenig Sinn hat.
* Wenn Sie zum jetzigen Zeitpunkt noch denken: „Das wird doch nie was!“ und dem nichts entgegensetzen können.

Das Werkzeug für das Glück

Sie haben auf den einzelnen Abschnitten Ihres Weges verschiedene Werkzeuge eingesetzt, um weiterzukommen: Affirmationen, Anker, Übungen und viele mehr. Hier finden Sie all diese Elemente noch einmal auf einen Blick. Mit diesem „Glücksbaukasten“ steht Ihnen eine ganze Menge Handwerkszeug zur Verfügung, um Glück und Lebensfreude immer wieder selbst zu bewirken. Experimentieren Sie ruhig immer wieder mit Ihren Möglichkeiten!

Achtsamkeit: Die Aufmerksamkeit richtet sich auf das aktuelle Verhalten und Empfinden. Die wache Bewusstheit oder Achtsamkeit ist ein Zustand aufmerksamer Wachheit gegenüber allem, was gegenwärtig wahrnehmbar ist, sowohl in uns als auch außerhalb. Achtsamkeit bedeutet, bewusst bei seinem Erleben zu bleiben, auch wenn dieses schmerzhaft oder verwirrend ist. Werden Eindrücke von außen und innere Impulse mit allen Sinnen wahrgenommen und ausgewertet, wird eine Steuerung möglich. Wir tendieren dazu, unsere Selbstheilungskräfte zu aktivieren. Im Kontakt zwischen Innen- und Außenwelt entwickeln wir immer mehr gute Verbindung zu den eigenen Wünschen und Bedürfnissen im Einklang mit den realen Gegebenheiten. Durch diesen unmittelbaren Zugang zur Außenwelt und unserem eigenen Erleben wächst die Sicherheit in das Vertrauen unseres Selbst. Festgefahrene Vorstellungen von sich und idealisierte Selbstbilder kann man immer mehr zurücklassen. Wir greifen auf, was für unsere Weiterentwicklung nützlich ist und können in neuen Situationen zunehmend besser reagieren, wenn wir wissen, dass wir uns mehr und mehr auf unsere Wahrnehmung und unsere Fähigkeiten verlassen können. Man kann sich durch Achtsamkeit in der Gegenwart in eine frühere Situation hineinfühlen, Erinnerungen lebendig werden lassen und die entsprechenden Körperempfindungen spüren.

Affirmationen: Affirmationen sind hilfreiche Sätze, die uns helfen, unsere Ziele zu erreichen. Die Affirmation ist ein kurzer Satz, der in Gegenwartsform formuliert wird und einen realistischen Kern hat. Das, was Sie glauben wollen, sagen Sie sich so, als wäre es bereits wahr geworden. Die Affirmation drückt das aus, was Sie sich erschließen möchten, was aber erst zaghaft in Ihnen zu finden ist. Finden Sie für sich einige besonders wirksame Sätze und sprechen Sie diese mehrmals am Tag laut aus.

Affirmationen können Sätze wie diese sein: „Jeden Tag erlebe ich Momente der Freude." Oder: „Ich lasse los, um glücklich zu sein."

Mit einer Affirmation übernimmt man die Verantwortung für sein Denken. Neue Überzeugungen können so langsam und gezielt in uns heranwachsen. Nach einer gewissen Zeit beginnt man fest daran zu glauben, woran man immer wieder denkt. Bei manchen Menschen haben diese kleinen Sätze eine große Wirkung.

Anker: Mit einem Anker wird eine assoziative Verknüpfung hergestellt, indem ein Reiz mit einem körperlichen Signal gekoppelt wird. So können Sie „die innere Ruhe" (siehe Seite 51) immer mit dem Taucherzeichen für „alles ok", also durch das Zusammenführen von Daumen und Zeigefinger, in sich wecken, sobald der Anker fest installiert ist.

Der Schreckeffekt des lauten Ausrufs aus der Übung im zweiten Schritt unterbricht die Gedankenketten und man kann die Aufmerksamkeit auf eine angenehme Vorstellung lenken, die wiederum immer abrufbar sein wird, wenn sie mit einem Anker gekoppelt wird. Bei manchen Menschen reicht bereits dieser eine Ausruf. Andere benötigen vielleicht mehrere „Übungsdurchgänge", bis dieser Anker fest installiert ist. Dann aber lässt sich mit einem solchen Anker jederzeit eine förderliche Gefühlsreaktion abrufen oder auch die Visualisierung eines Ruhebildes.

Begleitkärtchen: Begleitkärtchen sind Erinnerungszettel. Sie können sie mit Affirmationen beschriften oder mit Ihren neuen hilfreichen Gedanken. Sie können die Begleitkärtchen ins Portemonnaie stecken, wie eine Scheckkarte, oder an Ihrem Arbeitsplatz an den Computer heften, in der Küche an den Kühlschrank kleben oder sie auf andere Art bei sich tragen. Hauptsache die Kärtchen sind in Situationen griffbereit, in denen Sie schnellen Zugriff auf eine positive Unterstützung benötigen. In einer Notfallsituation beispielsweise, in der Sie wieder zu einer Zigarette greifen könnten, haben Sie Ihr Begleitkärtchen griffbereit. Darauf könnten all die hilfreichen Strategien stehen, die Sie sich für die Möglichkeit eines drohenden Rückfalles überlegt haben. Begleitkärtchen müssen individuell angelegt werden, damit sie zu kleinen Helfern werden können.

Briefe und Postkarten: Schreiben kann eine befreiende Wirkung haben. Besonders, wenn Sie eine Situation aus irgendeinem Grund nicht bereinigen können und auf die Bereinigung mit sich selbst angewiesen sind. Dann kann es sinnvoll und erleichternd sein, einen Brief oder eine Postkarte zu schreiben – die man vielleicht niemals absendet! Aber: Die Gefühle finden dadurch einen Weg nach draußen. Beispielsweise können Sie einen Beschimpfungsbrief an einen Menschen schreiben, der Sie sehr gekränkt hat. Beim Schreiben können Sie all die Wut herauslassen, die sich in Ihnen angesammelt hat. Einen solchen Brief kann man anschließend in die Altlastenkiste legen, ihn verbrennen, vergraben oder im Wasser versenken. Ein solches Ritual verschafft einem Erleichterung und häufig auch eine gewisse Form der Genugtuung.

Einen Abschiedsbrief kann man auch an ein Symptom richten, an das Gefühl der Eifersucht zum Beispiel oder an die nervenden Kopfschmerzen. Lassen Sie Ihrer Fantasie freien Lauf.

Ebenso gut kann man sich schon einmal auf etwas freuen und der freudigen Erwartung Raum durch eine schöne Postkarte geben. Diese könnte in der Glückskiste aufbewahrt werden oder auf Ihrem Schreibtisch stehen, so dass Sie schon die Vorfreude genießen.

Experimente: Die kleinen Experimente in diesem Buch sollen Sie dazu anregen, die Dinge einmal anders anzugehen als bisher, etwas Neues auszuprobieren. Es geht dabei darum, die Wahrnehmung gezielt auf einen bestimmten Aspekt des Geschehens zu lenken. Interessant ist dabei oft das, was man ganz spontan dazu empfindet. Es regt zu weiterer Auseinandersetzung an und führt zu neuen Einsichten.

Zu experimentieren heißt, mit den eigenen Möglichkeiten zu spielen, sich Neues zu erschließen und den eigenen Handlungsspielraum zu erweitern. Das führt oft zu anderen Einsichten als bisher und lässt neue Lösungsmöglichkeiten zu.

Das Gegenwarts-Prinzip: Sich dem augenblicklichen Erleben zuzuwenden, ist sehr bedeutsam. Vergangenheit und Zukunft bilden sich im Hier und Jetzt ab, in diesem Augenblick. Je achtsamer wir für das Erleben des Augenblicks sind, desto wahrscheinlicher ist eine Veränderung in die gewünschte Richtung. Bewusstheit kann sich nur im Jetzt ausbilden.

Das Glückssymbol: Der Legende nach nahm Eva bei der Vertreibung aus dem Paradies ein vierblättriges Kleeblatt als Andenken mit hinaus, um sich immer an die glückliche Zeit darin erinnern zu können. So wird das vierblättrige Kleeblatt noch heute als Glücksbringer angesehen.

Bereits zu Beginn des Buches haben Sie sich Ihr eigenes, ganz persönliches Glückssymbol gesucht. Das kann alles mögliche sein. Möglicherweise haben Sie eine Scherbe zu Ihrem Glückssymbol gemacht, vielleicht auch einen Stein oder einen Tannenzapfen. Ihr Glückssymbol begleitet Sie durch den ganzen Prozess der Veränderung. Es wird Sie erinnern, auf dem richtigen Weg weiterzugehen.

Die Glückskiste: In Ihrer Glückskiste sammeln Sie all das, was Sie mit Ihrem persönlichen Glück in Verbindung bringen. Briefe, getrocknete Blumen oder Ihre Glückssymbole. Diese Kiste können Sie immer dann hervorholen, wenn Sie etwas Glück, Mut oder Durchhaltevermögen brauchen oder was immer Sie sich wünschen.

Das Aufbewahren der Symbole wirkt wie eine Gedächtnisstütze, um sich immer wieder an gute Zeiten zu erinnern. Damit machen Sie sich schöne Erinnerungen abrufbar und können noch lange davon zehren. Zudem programmiert man sich sozusagen auf Glück, denn die Fokussierung hilft Ihnen auch im Alltag mehr auf die Glücksmomente zu achten.

Hilfreiche Gedanken: Das sind all die Gedanken, die Sie dabei unterstützen, Ihre Ziele zu erreichen. Deren Einsatz ist besonders dann sinnvoll, wenn Sie von blockierenden Gedanken ausgebremst werden. Etwa: „Ich kann das nicht." Dieser Gedanke bekommt den hilfreichen Gedanken gegenübergestellt: „Ich kann das, weil ich schon viele Schwierigkeiten überwunden habe."

Neubewertung bzw. Umdeutung: Mit zeitlichem Abstand sehen wir die Dinge plötzlich ganz anders. Mit einer anderen Deutung der eigenen Situation übt man sich in geistiger Beweglichkeit. Man nutzt auch andere Möglichkeiten des Erlebens und tut sich gut, indem man Vorteile einer neubewerteten Situation herausarbeitet. Eine Situation kann auch völlig neu gesehen und dadurch ganz neu beurteilt werden, damit angenehmere Gefühle dazu entstehen. Mit der Fähigkeit, eine Situation dynamisch zu betrachten, erhöhen wir unsere Wahlmöglichkeiten.

Perspektivwechsel: Eine Situation oder das Verhalten eines Menschen einfach mal aus einer anderen Perspektive zu betrachten, schafft Distanz. Indem man in die Rolle eines unabhängigen Beobachters schlüpft, kann man dessen Sichtweise der Situation erleben. Von außen sieht es meist etwas anders aus. So kann es leichter gelingen, sich aus emotionalen Verwicklungen zu befreien. Im günstigsten Fall finden Sie durch den Perspektivwechsel für sich:

* mehr Spielraum innerhalb Ihrer Einstellungen
* einen einfacheren Zugang zu Ihren Loslass-Fähigkeiten
* eine Erweiterung Ihrer Verhaltensmöglichkeiten
* verschiedene Formen der Abgrenzung
* einen weiteren Zugang zu Ihrem Erleben
* neue Gefühle zur gleichen Situation

Projektionen auflösen – Spiegelbildübung: Anteile, die wir an uns selbst leugnen, weil wir sie selbst schlecht bewerten, übertragen wir gern auf andere Menschen. Vielleicht haben Sie es auch schon einmal erlebt, wenn jemand mit geballten Fäusten und zusammengebissenen Zähnen sagt: „Nicht ich bin aggressiv, sondern du." Wir deuten die Dinge um uns herum nach unserem eigenen Erfahrungshintergrund und wer ist schon gern aggressiv? Also weisen wir lieber dem anderen diese Eigenschaft zu. Damit nutzen wir eine Strategie, uns unser positives Selbstbild zu erhalten.

Oft sind genau die Verhaltensweisen, Eigenschaften oder die Art, die man an anderen Menschen unmöglich findet, stark ablehnt oder gar verachtet, ein Anteil des eigenen Wesens. Manchmal sind das Anteile, die wir an uns nicht sehen wollen oder die unsere gute Erziehung uns verbietet. Manchmal sind es Anteile, die wir leben, an uns selbst allerdings nicht wahrnehmen – dafür aber ganz massiv bei anderen.

Alles was uns berührt, egal ob positiv oder negativ, hat eine Information für uns und will uns auf etwas aufmerksam machen.

Wir bekommen quasi einen Spiegel vorgehalten, der reflektiert, wie wir sind und an welchen Stellen wir noch an uns arbeiten können.

Besonders an den Stellen, die uns an anderen Menschen stören, ist es sinnvoll, einmal danach zu fragen, was das mit mir selbst zu tun hat. Inwiefern ist man vielleicht sogar genau das, was man einem anderen unterstellt: aggressiv, hinterhältig, geldgierig, faul ... Befreien Sie sich von Ihren Scheuklappen und Ihr Sichtfeld wird sich erweitern!

Protokolle zur Selbstexploration: Die Protokollbögen sind dazu da, Sie individuell zu begleiten. Die Fragen der Protokolle helfen Ihnen, sich auf einen systematischen Veränderungsprozess einzulassen, um vom Festhalten ins Glück zu gelangen. Sie setzen sich durch die Beantwortung der Fragen sehr intensiv mit sich selbst auseinander. Dazu sind noch viel mehr Fragen und Antworten möglich. Stellen Sie sich ruhig selbst weitere Fragen und tragen diese mitsamt der Antworten in Ihr Veränderungstagebuch ein. Je besser Sie sich kennen lernen, umso eher gelingt Ihnen eine positive Veränderung.

Rituale: Rituale haben schon immer mit Einweihung und Wandlung, mit Abschied und Loslassen zu tun. Die Rituale in diesem Buch schaffen eine Bewusstheit für Ihren Veränderungswunsch. Es ist das bewusste Tun, das unsere Sehnsüchte, Träume und Hoffnungen in Realität verwandelt.

Übungen: Die strukturierten Übungen in diesem Buch leiten dazu an, über die verschiedenen Sinne Neues zu erproben und einzuüben. Lernen geschieht über die Aufnahme von Neuem über die Verarbeitung bis hin zur Anwendung. Neue Gewohnheiten und Verhaltensmöglichkeiten schleifen sich durch Übung ein.

In diesem Buch geht es dabei meist darum, sich als Ganzes wahrzunehmen, Denken, Fühlen, Spüren in Einklang zu bringen. Aber auch um das willkürliche Abrufen von Gefühlszuständen, Körperempfindungen oder darum, Zusammenhänge dazwischen herzustellen. Ziel aller Übungen ist letztendlich die Unterstützung der positiven Grundhaltung zum Leben. Eine Übung, die Sie für sich als sinnvoll erachten, sollten Sie also so lange „trainieren", bis sie ganz „normal" für Sie geworden ist. Hört man zu früh auf, verfällt man schnell wieder in alte Gewohnheiten. Bleiben Sie also dran!

Veränderungstagebuch: Mit einer Dokumentation des Veränderungsgeschehens setzt man einen konzentrierten Fokus auf den Wandel. Ein Veränderungstagebuch ist eine wunderbare Methode, den Loslass-Verlauf strukturiert festzuhalten. Ihre Ideen, die Übungen aus diesem Buch, Ihre Gedanken zum Thema, das, was gut funktioniert und das, was nicht hilft, kann darin festgehalten werden.

Viel zu schnell gerät der innere Prozess wieder in Vergessenheit. Gedanken, Ideen und Verhaltensstrategien bleiben uns aber im Veränderungstagebuch erhalten. Für einen „Rückfall" kann das noch einmal wichtig werden sowie dafür, aus einem weiteren Festhalte-Geschehen wieder ins Glück zu finden. Es kann aber genauso gut nach einer erfolgreichen Glücksmetamorphose als Ritualgegenstand dienen.

Visualisierungen: Die Bilder, die wir auf unserer inneren Bühne ablaufen lassen, können wir kraft unseres Willens erzeugen. Eine selbstverständliche Art des Visualisierens ist der Abruf von Erinnerungsbildern, wenn beispielsweise ein Angehöriger sagt: „Weißt Du noch, als wir damals …“ Wir aktivieren dann ein Bild mit all dem Erlebten, das mit dieser Situation zu tun hat. Die Bilder auf unserer inneren Bühne können wir sogar verändern und dies ist dann eine Form der Visualisierung. Man kann sie dazu nutzen, die Gedanken zu steuern, sich zu motivieren, zu stärken, Energie aufzuladen. Dazu haben Sie in diesem Buch viele Anleitungen gefunden. Üben Sie sich darin, Ihre eigenen Bilder entstehen zu lassen. Verwandeln Sie Ihr Ziel beispielsweise in ein Bild, das für Sie stimmig ist. Sehen Sie sich selbst auf Ihrer inneren Bühne beispielsweise in einer rundum glücklichen Situation. Machen Sie sich dieses Bild durch Ihre Sinne zugänglich: Wie riecht es in dieser Situation, wie schmeckt es in dieser Situation, was hören und was fühlen Sie in dieser Situation? Gefühle von Lebensfreude und Glück kann man sich durch Visualisierungen jederzeit zugänglich machen.

Wohlfühlinsel: Schaffen Sie sich in Ihrer Fantasie einen Ort, an den Sie sich zurückziehen und Kräfte sammeln können. Die Fantasie vom Sandstrand, von der Berghütte oder vom azurblauen Himmel bringt Entspannung und Lebensfreude in den Alltag. Die Natur hat uns viel zu bieten. Laben Sie sich an all den nährenden Quellen. Spüren Sie im Winter die wärmende Sonne auf Ihrer Haut, hören Sie im Sommer dem Rauschen des Bergquells zu. Lassen Sie Ihr Herz aufgehen für wohltuende Seelenstärke, für fließende Energie und die Leichtigkeit des Seins. All dies nehmen Sie anschließend mit in Ihren Alltag.

Zeitverzerrung: Eine verlangsamte oder beschleunigte Zeitveränderung; man kann die Zeitabläufe vor seinem inneren Auge verändern, indem man sich eine Fernbedienung vorstellt, mit der man das Leben zeitlich steuern kann. Man kann den Zeitraffer nutzen, sich schneller in die Zukunft spulen, die Zeit im Glück einmal durch die Standbild-Taste anhalten und sich das Bild einmal ganz genau anschauen. Auch kann man eine schlechte Zeit, die mit unangenehmen Gefühlen verbunden ist, durch den Zeitverzerrer so entstellen, dass gar kein Bild mehr zu sehen ist. Am Ende sollten Sie stets einen Abschlussblick auf das Glücksbild werfen.

Ritualarbeit: Glück und Hoffnung verschenken

Dieses Ritual kann man allein durchführen, am besten wirkt es aber in der Gemeinschaft: mit dem Partner, der Familie oder Freunden.

Wozu dieses Ritual dient und wie es wirkt:
Gute Zeiten sollten gewürdigt werden. Lebensfreude bekräftigen, Gemeinsamkeit bestärken, Hoffnungen äußern, gute Wünsche und Hoffnungen verschenken.

So wird's gemacht:
Bereiten Sie alle gemeinsam ein spezielles Abendessen vor. Vielleicht ein gemütliches Grillen, ein Raclette, Fondue oder Ähnliches. Sorgen Sie für eine schöne Atmosphäre. Zum Essen gibt es drei Rede-Runden. Reihum darf jeder Beteiligte einige Sätze sagen, ohne dass etwas vom Gesagten in Frage gestellt oder diskutiert wird. Der Redner kann ein Glückssymbol als Redezeichen in der Hand halten. So lange er dieses Redezeichen hält, darf niemand anderer sprechen. Dies kann helfen, die Reihenfolge der Redner einzuhalten.

Zum Start eine Dankbarkeitsrunde:
Momentan bin ich dankbar dafür, dass:

Zum Hauptgang eine Hoffnungsrunde:
Was ich mir von der Zukunft erhoffe, ist:

Zum Nachtisch die Wunschrunde:
Was ich anderen Menschen wünsche, ist:

Schreiben Sie gute Wünsche und Hoffnungen für andere Menschen auf ein Kärtchen und binden Sie es an einen mit Helium gefüllten Ballon. Oder Sie lassen die Kärtchen in einem Gewässer davonschwimmen.

Register

Danke

Dieses Buch zu schreiben war mir eine große Freude!
Mein besonderer Dank gilt daher dem Südwest-Verlag, der verantwortlichen Redakteurin Silvia Forster und der ABC-Medienagentur, die mir dieses Thema anvertraut haben.
Die intensive Auseinandersetzung mit der Glücksmetamorphose hat mich derart kreativ inspiriert, dass ich zeitweilig tagelang im Flow meines Schreibprozesses versank. Mein tiefster Dank gilt daher meiner Familie, die in dieser Zeit viel zurückgesteckt hat. Für die vielen hilfreichen Unterstützungen danke ich besonders meinem Mann Roger und meiner Tochter Kati für ihre unerschöpflichen Ideen zum Thema Glück.
Mein Dank geht an die Fotografin Isabel Krisch-Wemper, durch deren geduldiges Experimentieren mit Licht und Schatten das Portraitfoto entstand.
Dank gebührt auch meiner Lektorin Ina Raki, die dem Buch zu seiner Struktur verhalf und den Feinschliff übernommen hat.
Meine therapeutischen Wurzeln erlebe ich immer wieder als segensreich, insbesondere die Gestalttherapie und die Hypnotherapie. Daher möchte ich mich bei meinen Ausbildern bedanken, die mir so vieles über Veränderung beigebracht haben.
In diesem Buch sind charakteristische Falldarstellungen beschrieben, diese entsprechen nicht realen Personen. Mein besonderer Dank gilt all den Klienten, Supervisanden und Weiterbildungsteilnehmern, die sich mir über die Jahre geöffnet haben. Ich bin dankbar für so viel Vertrauen und dafür, dass ich jeden einzelnen dieser Menschen in seiner Weiterentwicklung begleiten durfte. Immer wieder bekomme ich dabei den Anstoß, Neues dazuzulernen und mich auf mich selbst einzulassen.

Bücher, die mich inspiriert haben

Baer, Udo und Frick-Baer, Gabriele: Vom Trauern und Loslassen. Beltz, Weinheim 2008.
Hoffmann, Nicolas und Hoffmann, Birgit: Anpassungsstörung und Lebenskrise. Beltz, Weinheim 2008.
Huber, Michaela: Der innere Garten. Junfermann, Paderborn 2005.
Kast, Verena: Abschied von der Opferrolle. Herder, Freiburg 2004.
Mihaly Csikszentmihalyi: Flow. Das Geheimnis des Glücks. Klett-Cotta, 14. Auflage 2008.
Reddemann, Luise: Eine Reise von 1000 Meilen beginnt mit dem ersten Schritt. Herder, Freiburg. 2. Auflage 2008.
Röcker, Elisabeth: Die befreiende Kraft des Verzeihens. Knaur, München 2008
Seligman, Martin: Erlernte Hilflosigkeit. Beltz, Weihnheim. 3. Auflage 2004

Verlagsgruppe Random House FSC-DEU-0100

Das für dieses Buch verwendete FSC-zertifizierte Papier
München Super liefert Arctic Paper Mochenwangen GmbH

ISBN 978-3-517-08570-8

Programmleitung: Silke Kirsch
Projektleitung: Silvia Forster
Lektorat: Ina Raki
Umschlaggestaltung:
schwecke.mueller Werbeagentur GmbH, München,
unter Verwendung eines Fotos von Quiet Noise Creative

Layout: Mathis Weymann, Populärgrafik
Satz: Ludger Vorfeld
Druck und Verarbeitung: GGP Media GmbH, Pößneck

Printed in Germany
817 2635 4453 6271